KB275651

꼭 알아야 하는
미래 질병 10가지

차례
Contents

03 2020 질병 대란, 에덴동산은 없다　05 슈퍼결핵의 시대가 온다　12 인류를 향한 슈퍼바테리아의 공습　23 고혈압은 영원하다?　32 2030년 당뇨병 대란이 온다　40 세계의 3분의 1이 비만 환자　50 암 박멸은 요원한가?　58 불치병 치매, 정복될 것인가?　67 2020년 미래 질병 1위, 우울증　74 혈우병, 해결될 것인가?　83 21세기의 대재앙, 팬데믹과 미해결 바이러스

2020 질병 대란, 에덴동산은 없다

질병 대란이 다가오고 있다. 인류를 파멸에 이르게 할 '미래 질병'은 인류에게 처음 다가오는 낯설고 생소한 희귀질환이 아니다. 오히려 정복하거나 정복할 것이라고 믿었던 질병에게 발등을 찍힐 공산이 다분하다. '질병의 왕'으로 불렸던 결핵은 '슈퍼결핵'으로 강력하게 재무장하고, 세균은 에이즈(AIDS)보다 더 무서운 '슈퍼박테리아'로 돌변해 인류를 다시 공포 속으로 몰아넣고 있다.

고혈압, 당뇨병 대란도 고민거리다. 이들 질병이 치명적인 이유는 심장, 뇌, 콩팥 등에 합병증을 몰고 오는 질환의 특성 때문이다. 인간은 합병증으로 복합적 인체 기능이 무너지면 결국 사망에 이르게 된다. 이런 과정에서 암이란 공포의 질병도 발생하게 된다. 한편 비만인은 정상인보다 당뇨병과 고지혈증, 고혈압, 관상동맥질환에 잘 걸리며 암 및 관절질환의 발병률이 높아진다.

의학의 발전으로 암을 해결한 것 같았지만 새로운 난치의 암이 증가하면서 암은 여전히 공포의 대상으로 남아 있다. 최근 암에 공급되는 영양분을 굶겨 죽이는 표적 치료제를 개발함으로써 암을 압박하고 있지만, 암 박멸을 목표로 암 해결에 접근하면 결국 암을 이기지 못할 것이라는 목소리도 높아지고 있다.

치매나 우울증은 '인류를 괴롭힐 미래 질병'의 선봉장이 될 가능성이 상당히 높다. 급격한 노령화 시대가 오면서 치매는 인류를 괴롭힐 것이고, 우울증은 세계보건기구(WHO)가 2020년 세계 질병 1위에 오를 것으로 예측할 정도로 그 심각성이 부각되고 있다. 우울증의 10퍼센트는 자살로 생을 마감할 정도로 사망과 직결되는 질환이다.

혈우병과 미해결 바이러스의 공포는 인간의 유전적 문제와 지구의 환경적 문제를 해결하지 않고서는 퇴치하기 어려운 불치의 미래 질병이다. 결국 인류가 혈우병과 미해결 바이러스를 해결하는 순간이 인류가 질병 제국에서 탈출하는 순간이 될 것이다.

슈퍼결핵의 시대가 온다

결핵만큼 인류 역사상 가장 많은 생명을 앗아 간 전염병은 없을 것이다. 결핵은 오랜 기간에 걸쳐 인류에게 재앙이었다. 천재로 알려진 데카르트, 칸트, 스피노자, 도스토예프스키, 발자크, 쇼팽 등이 모두 결핵으로 사망했다. 우리나라의 천재 시인 이상(李箱)도 결국 결핵의 희생양이었다.

독일 하이델베르크에서 발견된 기원전 7000년경의 석기시대 화석에서도 결핵의 흔적이 남아 있다. 석기시대부터 결핵은 인류 '공공의 적'이었다. 또 기원전 5000년경의 고대 이집트와 페르시아의 미라에서도 폐와 림프샘에 결핵의 흔적이 발견되었다. 고대 아리아베다교 성전의, 결핵을 '모든 질병의 왕이라고 했던 기록만 보아도 결핵은 고대 인류에게 얼마나 무시무시한 질병이었는지 짐작할 수 있다. 중국 수(隋) 나라의 의서에서도 폐결핵에 해당하는 기록을 볼 수 있다.

기원전 400년경, 고대 그리스의 히포크라테스는 폐결핵의 증세에 대해 상세한 기록을 남겼다. 히포크라테스는 결핵을 유전병이라고 규정했다. 이와는 달리 아리스토텔레스는 공기 전염설을 주장하기도 했다. 갈레노스 역시 결핵은 전염병이기 때문에 결핵 환자들과 접촉해서는 안 된다고 경고했다. 하지만 중세에 이르기까지 많은 사람들은 결핵을 유전병이라고 믿었다. 왜냐하면 중세 사람들이 보기에 결핵은 환자 가족에게 대물림되는 것처럼 보였기 때문이었다. 이러한 현상은 당시 사회 구조가 한몫했다.

중세는 농업에 기초한 자급자족 체제로 사회적 이동이 자유롭지 못하고 제한되어 있었다. 또 결핵 환자들을 격리하는 형태로 사회적 관리를 했기 때문에, 실제로 결핵이 아버지에서 아들에게로 전염되는 악순환이 반복되었다. 그래서 결과적으로 유전되는 것처럼 보였을 것이다.

인류와 결핵

결핵은 모든 문명과 국가에서 유행했다. 힌두 의사들은 결핵 환자에게 야외 활동과 염소 우리 속에서 잠자기를 권했다. 중세 이슬람 의사들인 라체스와 아비켄나는 나귀 젖과 게 껍데기 분말 가루를 권했다. 실제로 칼슘 보충제 역할을 한 게 껍데기 분말 가루는 심지어 19세기까지 사용될 정도로 인류 역사에서 오랜 시간 동안 최고의 결핵 치료제로 각광받았다. 그만큼 결핵은 치료법이 없는 불치의 병이었다. 중세 사람들은 결핵균이 목의 림프샘을 침범해 생긴 연주창을 왕의 고결한 손이 만져 주면 낫는다고 믿었다. 마법과 주술로 치료할 수밖에 없는 속수무책의 질병이었다.

신의 선택을 받은 왕이 만져 주면 병이 낫는다는 믿음에서 출발한 이 황당한 시술은 496년경 프랑크 왕국의 왕 클로비스가 맨 처음 시작했다. 또 엄숙하고 장엄한 왕의 손으로 병을 치유하는 시술은 잉글랜드 왕 에드워드가 본격화했다.

이 마법과 같은 시술은 잉글랜드의 왕 찰스 2세 시대에 최고조에 이르렀다. 찰스 2세는 1685년에 사망할 때까지 무려 92,107명의 결핵 환자들의 상처를 만져 주는 시술을 시행했다. 17세기 영국에 창궐했던 결핵 환자들의 수가 얼마나 많았는지를 추론할 수 있을 것이다. 결핵이 유전병이 아니라 전염병임이 증명된 시기는 19세기 중엽이다. 결핵이 전염병인 것을 과학적으로 맨 먼저 입증한 사람은 프랑스의 외과의사 J.A. 빌맹이다. 1865년에 결핵 환자의 가래, 림프샘이나 폐에서 얻은 재료를 집토끼에 접종해 집토끼가 결핵에 걸리는 것을 증명했다. 이 업적은 획기적인 것으로서 훗날 R. 코흐가 결핵균을 발견하는 데 선구적 역할을 했다.

결핵의 병리학도 19세기에 이르러 현저하게 진보했다. 1882년에는 코흐가 결핵성 변화를 나타낸 인체와 그 분비물에서 결핵균을 증명했고, 이 균을 분리·배양해 실험적으로 결핵을 일으키는 데 성공했다.

결핵의 병원체인 결핵균을 발견한 것이다. 결핵균이 발견되었어도 20세기 중엽 스트렙토마이신이 개발되기 전까지 결핵에는 효과적인 치료제가 없었다. 최초의 결핵 치료제인 스트렙토마이신은 방선균이 산출하는 항생물질로 미국 럿거스 대학의 미생물학자이자 화학자인 왁스만(Selman Abraham Waksman)에 의해 1943년에 발견되었다. 원래 토양 박테리아에 관심이 많았던 왁스만은 1939년에 듀보(Dubos)가 토양 미생물 속에서 박테리아를 죽이는 약제를 발견한 것을 보고 자극을 받아 항생물질을 생산하는 토양 박테리아를 찾기 시작했다. 또 뉴저지 주 라웨이에 있는 머크 사와 협력해 대규모 배양 시설을 갖추고 연구한 끝에 1943년 스트렙토마이신을 발견했다. 그 구조는 1948년에 메르크연구소의 화학자 폴커(Folker)에 의해 결정되었다.

스트렙토마이신은 BCG 접종 그리고 영양 상태의 개선과 함께 결핵 치료에 새 장을 열었다. 왁스만은 그것을 발견한 공로로 1952년에 노벨 생리의학상을 받았다. 또한 스트렙토마이신은 항생물질 개발의 '황금시대'를 열어 놓았다. 즉, 카나마이신, 젠타마이신, 토브라마이신, 아미카신 등의 항생물질들이 뒤이어 속속 개발된 것이다. 이 같은 결핵 치료법의 발전으로 결핵에 의한 사망률은 현저하게 감소하고 있다. 그러나 아직도 결핵을 완전히 박멸하지는 못하고 있다.

'질병의 왕' 결핵의 귀환

18세기 후반 산업혁명을 계기로 전 유럽을 휩쓸며 인류를 죽음으로 내몰았던 결핵이 21세기에도 여전히 인류를 습격하고 있다. 실제로 사라진 줄만 알았던 이 병이 최근 우리나라에서 다시 기승을 부리고 있다. 특히 10대, 20대 젊은 층의 발병률이 증가하고 있다. 최근 우리나라 결핵 환자는 모두 16만 명이다.

2007년 41,000여 명의 결핵 환자가 새로 발생했다. 연령별로는 20대가 7,700여 명으로 가장 많았고, 70대가 7,500여 명으로 그 뒤를 이었다. 특히 지난 2004년 2,300여 명이었던 10대 결핵 발생자 수는 2005년에는 2,600여 명, 2006년에는 2,825명으로 해마다 증가하고 있다.

우리나라의 젊은 결핵 환자가 최근 늘고 있는 원인으로 영·유아기 때 맞은 결핵 예방접종의 효력이 다하고, 입시 준비 등으로 면역력이 떨어진 고등학생들이 늘면서 결핵균에 쉽게 감염되고 있기 때문이다. 결핵균은 다른 급성 전염병균보다 주거환경과 영양 상태에 민감한 질병이기 때문에 더럽고 축축한 노동자의 숙소가 많은 도시가 결핵의 온상으로 지목되어 왔다.

결핵은 결핵균에 의한 만성 감염증으로 폐결핵 환자로부터 나온 미세한 침방울에 의해 직접 감염된다. 감염된다고 해서 모두 결핵에 걸리는 것은 아니다. 초기에는 피로감, 식욕감퇴,

체중감소, 기침, 가래, 흉통 등의 증상을 보인다. 요즘은 항결핵제만 꾸준히 복용해도 치료가 되며, 환자가 약을 복용하고 약 2주가 지나면 다른 사람에게 옮기지 않기 때문에 따로 입원을 하거나 격리 생활을 할 필요는 없다.

결핵의 대표적 예방 방법으로 출생 후 결핵예방백신(BCG)을 접종하는 것을 꼽을 수 있다. BCG는 소의 결핵균의 독성을 약하게 해 만든 것으로 사람에게는 병을 일으키지 않으면서 결핵에 대한 면역을 갖게 하는 백신이다. 결핵균에 감염되기 전 BCG 접종을 하면 그렇지 않은 경우보다 발병률이 5분의 1로 줄어드는데, 이 효과는 10년 이상 지속된다. 미감염자에게 BCG 접종을 하면 결핵을 예방할 수 있다. 더불어 전염원인 환자를 찾아내어 치료를 해 주면 전염경로를 차단하는 것이므로 결핵의 발생을 줄일 수 있다.

2030년경 인류는 과연 결핵의 공포에서 자유로울 수 있을까? 이 같은 물음에 선뜻 답하기는 어렵다. 인류 역사상 가장 많은 생명을 위협한 결핵은 아직도 해마다 200만 명이나 되는 생명을 앗아 가고 있기 때문이다. 특히 다제내성결핵은 인류에게 공포의 대상이다. 이 결핵은 결핵 치료제 중 가장 중요한 두 가지 약제 아이나와 리팜핀이 듣지 않는 결핵을 말한다. 완치율 90퍼센트 이상인 일반 감수성 결핵과 달리 완치율이 50퍼센트 내외밖에 안 될 정도다. 전파 속도도 빨라 2004년 이후 매년 전 세계적으로 40만 명이 새로 발병하고 있다.

최근 추세를 볼 때 결핵은 전 세계 인류의 발목을 잡고 괴

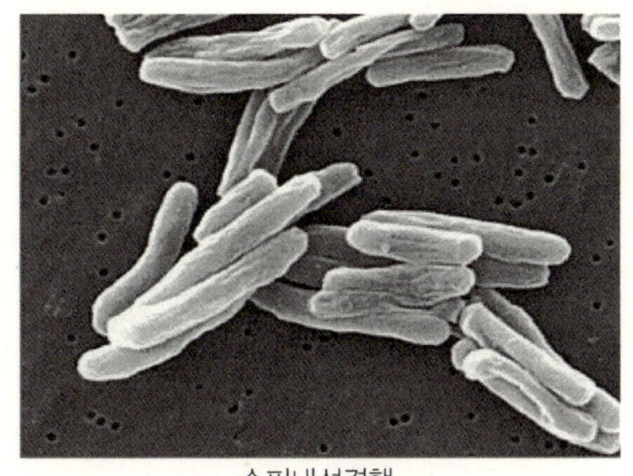
슈퍼내성결핵.

롭힐 공산이 다분하다. 30년, 40년이 지나도 인류가 결핵을 박멸시킬 것이라고 단언하기 어려운 것은 결핵의 생존 능력 때문일 것이다. 이 병은 호흡기 전염성 질환이므로 사람이 모이는 곳에서 무차별적으로 감염되는 특성을 가진다. 그런데 다제내성결핵 확산을 채 막기도 전에 인류는 또 다른 결핵인 '슈퍼내성결핵'의 공습에 노출되고 있다. 이 결핵은 대부분의 항결핵 제에 내성이 생겨 사망률이 85퍼센트 이상인 매우 치명적인 병이다. 슈퍼내성결핵은 최초로 보고된 이후 G8 선진국을 포함한 28개국에서 발견되었다.

2006년 9월 세계보건기구는 기존의 약으로 치료할 수 없는 신종 '슈퍼결핵'이 유럽에서 급속히 퍼지면서 슈퍼내성결핵에 대한 경각심을 늦춰서는 안 된다고 경고했다. 슈퍼결핵 확산에서 우리나라도 예외 지역이 아니다. 국제결핵연구센터의 연구에 따르면 국내 다제내성결핵 환자 중 약 25퍼센트가 슈퍼내성결핵으로 분석되었다. 사라졌다고 믿었던 결핵과 인류의 처절한 사투는 아직 끝나지 않았다.

인류를 향한 슈퍼박테리아의 공습

인류와 세균과의 전쟁에 수세에 몰리던 세균이 '슈퍼박테리아'라는 최첨단 무기를 들고, 인류를 또다시 위기로 내몰고 있다. 최근 항생제에 내성을 가진 슈퍼박테리아에 감염돼 사망하는 빈도가 에이즈를 능가하고 있다. 에이즈도 불치의 병이라고 하는데 그보다 더욱 강력한 질병이 등장한 것이다.

2007년 미국 질병통제예방센터(CDC)는 「미국의학협회저널(JAMA)」에 실은 논문에서 2006년 한 해 동안 메티실린에 내성을 가진 황색포도상구균(MRSA) 감염자가 94,000명에 달하며 이 중 약 19,000명이 사망했다고 밝혔다. '슈퍼벅'으로 불리는 이 박테리아에 의한 사망자는 지난해 에이즈로 인한 미국의 사망자 17,000명을 2,000명가량 웃도는 수치다.

슈퍼박테리아, 에이즈보다 더 강력하다?

2007년 미국 버지니아 주의 고등학생 1명이 슈퍼박테리아에 감염돼 숨지자, 21개 고등학교에 휴교 조치가 내려졌다. 각 학교마다 소독 작업을 하느라 몸서리를 쳤다. 조사결과 슈퍼박테리아가 체육관이나 탈의실에서 머물다가 학생의 상처를 통해 혈관으로 침입했던 것으로 드러났다.

영국에서는 2007년 병원 내 슈퍼박테리아 감염을 막기 위해 의사의 가운을 반소매로 바꾸기로 결정했다. 또 의사, 간호사, 물리치료사에게 병원에서 넥타이, 손목시계, 반지, 팔찌의 착용도 금지시켰다.

영국 정부는 메티실린내성 황색포도상구균, 클로스트리듐 디피실리균(CD) 등 항생제가 듣지 않는 슈퍼박테리아에 의한 병원 내 감염 확산을 차단하기 위해 이같이 의사들의 전통적인 드레스 코드(dress code)를 바꾸기로 했다.

의사 가운을 반소매로 바꾼 것은 긴소매가 박테리아를 환자에게 옮기는 통로가 되기 때문이고, 손목시계, 반지, 팔찌를 착용 못 하게 한 것은 손을 철저히 씻는 데 방해가 되기 때문이다. 의사들 3분의 2가 손을 올바로 씻지 않고 있다는 전문가들의 지적이 반영된 것이다.

영국은 모든 의료기관에서 슈퍼박테리아 감염 환자를 반드시 격리 치료하고, 수간호사들은 매년 네 차례에 걸쳐 이 같은 조치들이 제대로 지켜지는지를 병원당국에 직접 보고해야 한

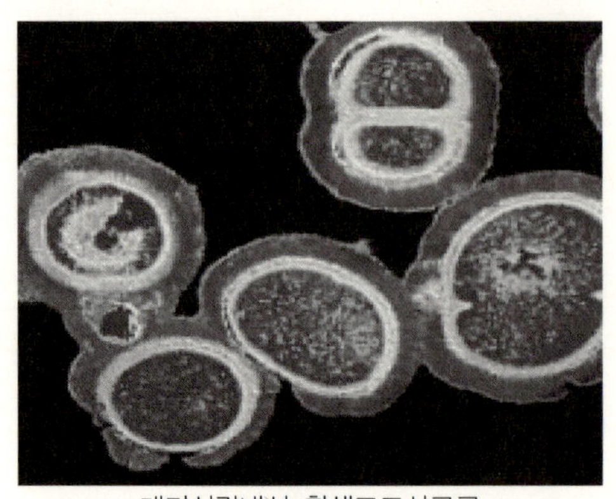

메티실린내성 황색포도상구균
(MRSA, methicillin-resistant staphylococcus aureus).

다. 이를 어길 경우에는 병원 등 의료기관장들에게 무거운 벌금이 부과된다. 영국 건강보호국(HPA)에 따르면 2007년 1~3월 사이에 MRSA 감염자 1,444명, CD 감염자 15,592명이 발생, 최고 기록을 세운 것으로 나타났다.

유럽연합 질병통제예방센터(ECDC)는 2007년 보고서에서 MRSA 등 항생제에 내성을 지닌 슈퍼박테리아에 의한 '의료 관련 감염'이 유럽이 앞으로 직면하게 될 최대의 전염병이 될 것이라고 경고하고 나섰다. 유럽연합 내에서만 매년 300만 명이 감염되고 이 중 5만 명이 사망하게 될 것이라는 것이다.

슈퍼박테리아 감염은 주로 슈퍼박테리아가 피부에 있다가 혈관 속으로 침투하는 경로를 가진다. 대체로 병원에서 주사를 맞거나, 문신을 하거나, 운동을 하다가 찰과상을 입는 등 혈관이 균에 노출되는 상황인 것으로 파악되고 있다. 박테리아 감염을 예방하기 위해서는 평소에 피부를 청결히 할 필요가 있다고 전문가들은 권고하고 있다. 하지만 병원에 자주 가는 노약자들을 비롯해 병원 근무자들이 손을 자주 씻거나 의료 기구를 자주 소독해야 함에도 불구하고 전반적으로 권장 기준에 크게 못 미치는 것으로 보고되고 있다.

한편 최근 조사에서는 슈퍼박테리아 감염이 예측불허의 형태로 확산되는 양상을 띠고 있어 인류의 공포감은 더욱 커지고 있다. 슈퍼박테리아 감염이 감옥이나 병원과 같은 특수 지역에서 한정되지 않고, 감염 지역과 경로가 확대되는 것으로 파악되고 있기 때문이다.

항생제 마법, 주문이 풀린 것일까

항생제란 질병의 원인이 되는 세균을 몸 안에서 제거하기 위해 개발된 약이다. 이 약은 세균을 없애 버리거나 늘어나지 않게 하는 작용을 한다. 하지만 항생제를 오랜 기간 동안 복용하거나 많이 복용하면 세균은 점점 영리해진다. 항생제의 공격을 받은 세균이 스스로 형태를 바꿔 항생제의 공격을 피하거나 항생제의 작용을 원천적으로 분해할 정도로 강력하게 변모하는데, 이를 두고 '슈퍼세균(항생제내성균)'이라고 부른다.

1929년에 개발된 항생제는 인류를 세균의 공습으로부터 구원해 준 역사상 가장 강력한 무기였다. 항생제가 개발되기 전 유럽에서는 페스트로 인해 3,500만 명이 죽었으며, 제1차 세계 대전 무렵까지만 해도 전쟁에서 다친 많은 사람들은 세균 감염으로 죽었기 때문이다. 최초로 개발된 항생제 페니실린은 특정 세균에만 효과를 보였지만 1960년대 이후에는 페니실린을 능가하는 강력한 항생제가 개발되면서 인류는 몸속 세균들과의 전쟁에서 대승을 거둘 수 있었다.

'세균 청소부'인 항생제는 세균 입장에게는 그들이 멸족당할지도 모른다는 공포로 다가왔을 것이다. 인류는 세균을 멸족시키기 위해 무차별적으로 광범위하게 항생제를 사용하기 시작했다. 수술 전 1회만 사용해도 되는 감염 예방을 위한 항생제를 수술 후에도 장기간에 투여한다거나, 감기와 같은 사소한 질병에도 항생제를 투여하는 경우가 늘었다. 항생제가 청소하는 범위가 넓어진 만큼 인간의 건강을 지켜 주던 세균들도 무차별적으로 사라지는 양상을 띠게 되면서 세균들에게 역습의 기회를 제공하게 되었다.

우리 몸에 이로운 균들도 함께 사라지자, 항생제내성균들은 적군과의 치열한 전투를 하지 않는 자유로운 환경 속에서 자신들의 종족을 번식할 수 있는 내성균들만의 세상을 만들었다. 사람이 건강할 때는 내성균들이 다른 세균과 치열한 전투를 하기 때문에 수가 적지만, 몸 안에 항생제가 들어와서 다른 세균이 없어지면 생존 환경을 독점해 폭발적으로 늘어나는 상황으로 돌변하는 것이다.

세균들의 역습은 마법의 항생제가 진화를 거듭할 때마다 등장했던 단골 메뉴다. 1960년에 페니실린을 개량해 인류 역사상 가장 강력한 항생제라고 평가받은 '메티실린'이 개발되자 곧이어 1961년 이에 대한 내성을 가진 MRSA가 출현하며 세균들이 반격했다.

1970년 들어서 광범위 항생제인 세펨 계열 항생제가 널리 사용되면서 MRSA는 거의 모든 항생제가 듣지 않는 '다중약제내성균'이란 돌연변이가 되어 인류에게 반격했다. 세균들의 반격은 1996년 '반코마이신' 내성균을 가진 슈퍼박테리아가 일본에서 출현하면서부터 더 거세졌다. 그리고 마침내 2002년 7월 미국에서는 더 내성이 강한 슈퍼박테리아가 발견되었다. 세균들이 살기 위해 항생제를 무력화시키기 위한 돌연변이 진화를 거듭하고 있는 것이다.

슈퍼박테리아를 향한 '인류의 반격'

슈퍼박테리아로 골머리를 썩는 인류에게 희망적인 신무기가 등장해 주목을 받고 있다. 특정 세균을 파괴하는 '박테리오파지'라는 바이러스가 그 주인공이다. 박테리오는 '세균, 파지는 '먹는다'는 뜻이다. 즉, 박테리오파지는 세균을 잡아먹는 바이러스다. 이 바이러스는 세균여과기를 통과하며 광학현미경으로는 직접 볼 수 없는 미소한 입자다. 살아 있는 세포 내에서만 증식이 가능하고, 대사 활성을 나타내는 일도 없다.

세균 속으로 들어간 박테리오파지의 생존 방법은 두 가지로 나뉜다. 대표적인 박테리오파지인 'T4 파지'의 경우에는 대장균에 들어가 DNA를 파괴한 후에 대장균의 복제효소와 리보솜을 사용해서 30분 내에 대장균을 터트리고 나오는 '용균성 생활사(lytic cycle)'를 가진다. 매우 공격적인 박테리오파지다. '람다 파지'의 경우에는 대장균의 DNA 속으로 슬쩍 끼어들어가 대장균의 증식에 따라 함께 증식하며 조용히 생활하는 '용원성 생활사(lysogenic cycle)'를 갖는다. 그러나 자외선을 쐬는 등 특정한 자극을 받으면 람다 파지도 T4 파지와 같이 용균성 생활사로 바뀌기도 한다.

1915년 영국의 세균학자 F.W. 트워트는 포도상구균(micro-coccus)을 감염시키는 바이러스를 관찰하게 된다. 세균을 감염시키는 바이러스 '박테리오파지'를 최초로 발견한 것이다. 또한 1917년에는 프랑스의 세균학자 F.H. 데렐이 이질 환자의 변의 여과액 중에 적리균을 녹이는 작용을 가진 것이 있다는 것을 독립적으로 발견해 세균을 잡아먹는다는 뜻에서 박테리오파지라고 명명했다.

이런 현상은 파지 활성의 한 면에 지나지 않는다는 것이 그 후의 연구에서 밝혀졌다. 그러나 당시에는 병원세균의 파지를 이용해 그 세균에 의해 병을 고치는 연구가 진행되었으나 성공하지 못하고, 생물의 자기증식의 연구재료로 이용하면서부터 현대 분자생물학 발전의 선구라고 할 수 있는 성과가 나타나게 되었다.

캘리포니아 공과대학의 M. 델브뤼크와 제2차 세계 대전 중에 미국으로 건너간 유럽의 과학자들에 의해 대장균의 파지에 대해 집중적으로 연구가 진행되었다. 1940년 이후에는 이들 연구로 알려진 바이러스 증식이 다른 일반 바이러스 증식 연구의 기초가 되고, 또 가장 단순한 형의 생명현상으로서 분자 유전학의 연구 발전에도 중요한 역할을 하고 있다.

그런데 이 박테리오파지에 대해 과학자들이 새로운 가능성을 열어 두고 슈퍼박테리아를 처단하기 위한 대항마로 지목하고 있다. 가장 큰 이유는 항생제를 대체하기 위해서다. 처음에 과학자들은 유전물질을 전달하는 매개체로 박테리오파지를 주목했다. 사실 박테리오파지를 세균을 죽이는 수단으로 쓰려는 시도는 오래됐지만 효용성의 문제 등으로 최근까지 무시됐었다. 그러나 항생제에 내성을 가진 슈퍼박테리아가 늘사 세균을 죽일 새로운 수단이 필요해진 것이다.

슈퍼박테리아가 늘어나면서, 인체에 무해하고 또 다른 슈퍼박테리아를 만들어 낼 걱정도 없으면서 항생 효과는 뛰어난 새로운 수단이 필요했고, 박테리오파지가 제격이었던 것이다. 실제로 2007년 9월 4일 영국 웰컴트러스트생거연구소의 아나 토리비오 박사는 결장염을 일으키는 '시트로박터 로덴티움'에 감염된 쥐를 박테리오파지로 완치시키는 데 성공했다고 밝혔다.

슈퍼항생제로 슈퍼박테리아 잡는다

2007년 병원 내 감염의 주범인 슈퍼박테리아 MRSA를 방향유(芳香油)로 제거할 수 있다는 사실이 밝혀졌다. 영국 맨체스터에 있는 위센쇼 병원(Wythenshawe Hospital)의 켄 던 박사는 상당한 면적의 병동에 분무기 하나를 설치하고, 이를 통해 방향유를 내뿜으면 공기 중의 MRSA를 90퍼센트까지 박멸할 수 있다고 밝힌 것이다. 영국에서는 매년 약 5,000명이 병원에서 MRSA에 감염돼 사망하고 있는 가운데 나온 연구 결과이기 때문에 관심을 끄는 대목이다.

던 박사는 실제로 이 병원 화상병동에서 9개월 동안 실시한 시험 결과 MRSA 감염자가 전혀 발생하지 않았으며 이 분무기의 작동을 의도적으로 중단한 마지막 두 달 동안은 공기 중의 MRSA가 다시 증가하기 시작한 것으로 나타났다고 밝혔다.

분무기를 통해 공중에 살포한 방향유는 맨체스터 메트로폴리탄 대학의 미생물학자들이 특수 조제한 것이고 분무기 자체는 방향 전문기업인 센트 테크놀러지스(Scent Technologies) 사가 이 방향유를 내뿜어 화상병동의 냄새를 없앨 목적으로 만들어 설치했던 것인데, 나중에 이것이 슈퍼박테리아 감염을 막는 효과가 있다는 사실이 밝혀진 것이다. 방향유는 휘발성 식물 기름으로 향수, 약제의 원료로 사용되어 왔다. 옛날부터 감염을 억제하는 효능이 있는 것으로 알려져 있어 요즘에도 민간 요법에 이용되고 있다.

또 슈퍼박테리아를 치료할 수 있는 슈퍼항생제 개발 가능성을 국내 연구진이 밝혀내며 슈퍼박테리아를 향한 인류의 반격이 본격화되는 분위기다. KAIST 생명화학공학과 이상엽 교수와 물리학과 정하웅 교수팀은 세포 내 효소 반응을 컴퓨터로 시뮬레이션해 결과를 예측할 수 있는 가상세포를 이용해 생명체 유지에 필요한 필수 대사물질들을 발견하고 이 물질들이 생명 유지에 중요한 역할을 한다고 발표했다. 연구 결과는 병원체가 인체 내에서 살아남기 위해서 필수적인 대사물질 생산에 관여하는 유전자를 찾아내 병원체를 없앨 수 있는 방법을 열어 둬 항생제 등 신약 개발에 크게 기여할 것으로 전망되고 있다.

연구팀은 대장균 가상세포를 이용한 컴퓨터 시뮬레이션을 통해 생명체의 필수 대사물질들을 발굴하고 생명활동의 항상성에 핵심이 되는 '강건성(robustness)' 문제를 규명했다. 생명체는 생명활동을 일정하게 유지하는 항상성을 갖고 있는데 이 항상성을 유지하지 못하면 세포가 죽게 된다. 이처럼 항상성을 유지하려는 세포의 활동과 그 결과는 강건성이라는 현상으로 나타난다.

연구진은 이를 바탕으로 미생물의 신진대사 과정에 참여하는 모든 대사물질이 생명체 생존에 얼마나 필수적인지 수치로 나타내는 '대사산물 필수성'이란 새로운 개념 척도를 제안하기도 했다. 연구팀은 그동안 생명활동의 강건성을 대사반응과 유전자 중심으로 보는 시각 자체를 바꾼 것이라며 다양한 병원균에 대항할 수 있는 항생제 후보를 발견하는 방법을 찾아낼 것으로 내다봤다.

하지만 인류가 슈퍼항생제나 항생제내성균을 잡아먹는 박테리오파지 같은 신무기 개발로 세균들을 지구에서 박멸시킬 수 있을지에 대해서 낙관하기 어렵다. 항생제를 무력화시키기 위한 세균들의 돌연변이 진화에 의한 반격이 인류의 신무기 진화 속도와 비례해서 거세지는 양상을 띠고 있기 때문이다.

슈퍼박테리아 퇴치 1순위 신무기로 꼽고 있는 박테리오파지는 치료하고자 하는 병원성 세균을 죽이는 박테리오파지가 없는 경우가 있거나, 기존 박테리오파지가 인간에게 유해한 존재로 갑자기 변모할 수 있다는 개연성도 있어, 인류와 세균 간의 전쟁에서 승리를 낙관할 수 없는 돌발 변수 중 하나다.

과학자들은 박테리오파지에서 세균의 표면에 직접 달라붙는 부위인 기저판을 변형시켜 특정 병원성 세균을 죽이는 박테리오파지가 없을 경우의 문제를 해결하려 하고 있다. 기저판은 16개의 단백질로 돼 있는 복잡한 구조로 보통 때는 6각형 구조지만, 박테리아 표면에 달라붙으면 별 모양으로 바뀐다. 하지만 기저판의 부착섬유를 구성하는 단백질을 변형하면 박테리오파지가 인간에게 해로운 세균에 감염되도록 바뀔 수 있다는 가능성도 배제할 수 없다.

그럼에도 불구하고 박테리오파지는 분명 세균의 천적이다. 따라서 인간을 괴롭히는 다양한 병원성 세균을 섬멸하는 박테리오파지가 개발되는 날이 인류에게 반드시 필요하다. 인류가 지구상에서 계속 생존하고 존재하려면 세균과의 전쟁에서 이겨야만 하기 때문이다.

고혈압은 영원하다?

고혈압(hypertension)은 이미 세계적 질병이다. 심지어 세계 고혈압 인구가 폭발적으로 증가해 현재 10억 명에 이르고 있으며, 2025년에는 15억 명을 돌파할 것이라는 전망도 나오고 있다. 미국 국립심장혈액연구소가 1994년부터 2004년까지 미국의 고혈압 인구를 분석·조사한 결과, 고혈압 인구 비율은 50.3퍼센트에서 55.5퍼센트로 증가했고, 주요 고혈압 원인은 '비만'으로 나타났다. 연구팀은 예비 고혈압 인구 비율 역시 32.3퍼센트에서 36.1퍼센트로 증가한 것으로 나타났다고 밝혔다.

스웨덴의 카롤린스카 의과대학, 영국의 런던 정치-경제대학, 미국의 뉴욕 주립대학 공동연구팀은 2007년 연구보고서에서 고혈압 환자 급증은 비만 인구가 늘고 있는 서방에 국한된 문제가 아니며 아프리카에서조차 일반적인 현상으로 나타나고 있다고 발표했다.

세계 전체 인구에서 고혈압 환자가 차지하는 비율은 미국 30퍼센트(흑인 40퍼센트), 영국·스웨덴·이탈리아 38퍼센트, 스페인 45퍼센트, 독일 55퍼센트로 선진국들이 상당히 높은 편이지만 개발도상국들, 특히 경제가 서구 스타일로 급속히 바뀌고 있는 나라들도 고혈압 환자가 폭발적으로 늘어나 인도의 도시 지역은 3명 중 1명, 중국 4명 중 1명, 멕시코·파라과이·베네수엘라 3명 중 1명, 가나·남아프리카공화국 4명 중 1명에 이르고 있다.

혈압이란 인체의 동맥 혈관에 흐르는 혈액의 압력을 말한다. 고혈압은 수축기혈압 140mmHg이상 또는 이완기혈압 90mmHg 이상인 경우를 말한다. 2005년 국민건강영양조사 결과 우리나라 30세 이상 성인의 29.4퍼센트(남자 32.3퍼센트, 여자 26.7퍼센트)가 고혈압 범주에 속할 만큼 흔한 만성질환이다. 흔히 두통, 귀울림, 현기증, 뒷골땡김 등을 고혈압의 증상이라고 생각하기 쉬운데, 고혈압은 증상이 없는 경우가 대부분이다. 때문에 고혈압으로 인한 합병증이 생기기 이전에는, 직접 혈압을 측정해 보지 않는 한 고혈압을 발견하기는 어렵다.

침묵의 살인자 '고혈압'

고혈압은 진단하기도 쉽고 치료법도 어렵지 않지만 아무런 증상 없이 지내는 사례가 많아 '침묵의 살인자'라고 불린다. 고혈압은 환자 자신이 심각함을 깨닫지 못해 방심하다가 치명적인 합병증을 얻는 무서운 병이다. 실제로 고혈압 환자 10명 중 9명은 그 원인을 정확히 모르고 있다.

고혈압 합병증이란 높은 혈압으로 인해 혈관이 손상되고 혈액을 통해 산소와 영양분을 공급받는 인체의 장기에 이상이 온 것을 말한다. 주로 심장, 뇌, 신장, 눈 등에 문제가 생긴다. 고혈압은 심장의 부하를 증가시켜 심비대를 유발하고 심혈관의 동맥경화를 촉진시킨다. 따라서 협심증이나 심근경색, 부정맥, 심부전 등이 나타나게 된다. 또한 뇌혈관의 출혈이나 동맥경화로 말미암아 뇌졸중을 불러오기도 한다. 또 이런 증상으로 인한 급사의 위험도 크다.

눈의 경우 망막혈관의 동맥경화나 고혈압성 변화가 일어날 수 있으며, 신장의 경우 단백뇨를 통해 단백질이 배출, 신장 기능이 저하되어 혈액 내의 유해한 물질이 걸러지지 못하고 몸 안에 축적된다. 그러므로 혈압을 철저히 조절하면 합병증을 줄일 수 있다. 고혈압과 당뇨를 동시에 갖고 있는 사람은 심근경색, 뇌졸중, 말초동맥질환 등의 발병 위험이 더 높다. 따라서 당뇨 환자는 혈압을 더 철저히 조절해야 한다. 고혈압이 있는 사람이 담배를 피우면 역시 심혈관질환 위험이 3배 이상 높아진다.

의료계의 한 조사에 의하면 내과 전문의 239명과 30~70대의 성인 남녀 고혈압 환자 4,741명(단순 고혈압 환자 2,370명과 당뇨병을 동반한 고혈압 환자 2,371명)을 조사·분석한 결과, 내과 전문의 239명의 병원을 내원한 고혈압 환자의 평균 46퍼센트는 이미 당뇨병을 동반하고 있는 것으로 나타났다. 이 점에서 고혈압과 당뇨병은 밀접한 관계성이 있다는 것을 알 수 있다.

고혈압 관련 연구 트렌드는 발병 원인을 추적해 해법을 마련하거나 고혈압 약물 기법에 의한 또 다른 질병과의 연계성을 추적하는 패턴으로 전개되고 있다. 고혈압은 심근경색, 뇌졸중 등 다른 질병으로 확산되는 양상이 적지 않다는 특징도 연구 방향에 미치고 있는 것이다.

무려 50여 년의 장기간에 걸친 동류집단추적조사(longitudinal cohort study) 결과 '고혈압은 유전된다'는 사실이 발표되었다. 미국 존스 홉킨스 대학 연구팀은 54년에 걸쳐 1,160명의 자료를 조사·분석한 결과, 전체적으로 부모가 모두 고혈압인 사람은 부모가 정상 혈압인 사람에 비해 40세 이전에 고혈압이 될 가능성이 4배 높은 것으로 나타났다고 발표했다. 유전에 의해 인류의 고질병이 악순환을 가져오고 있다는 것을 증명하는 사례 중 하나다.

ARBs 등 고혈압 퇴치 신무기의 활약

고혈압 치료제는 혈관을 확장시켜 혈압을 낮추는 역할을 해 준다. 고혈압 약물 중 ACE 억제제(ACE inhibitors)는 안지오텐신 전환 효소(ACE, angiotension converting enzyme)의 작용을 억제해

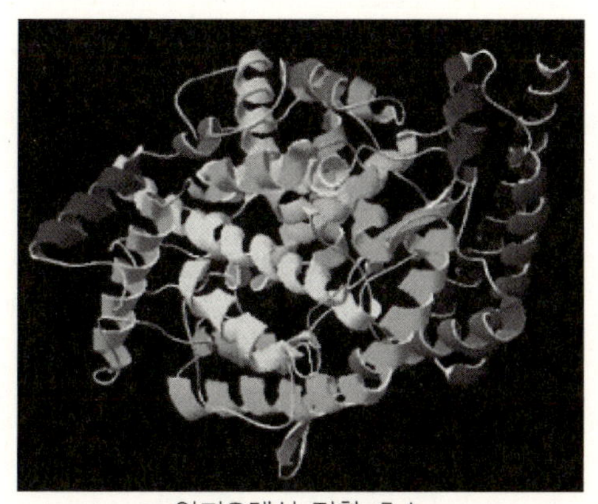

안지오텐신 전환 효소
(Angiotension Converting Enzyme).

혈압을 낮추는 고혈압 약을 말한다. CCB(calcium channel blocker, 칼슘 채널 차단제) 제제는 칼슘이 세포 안으로 들어가는 것을 억제해 혈압을 낮추는 약물이다. ARBs(angiotensin receptor blockers, 안지오텐신 수용체 차단제)는 고혈압을 유발하는 안지오텐신의 활성화를 억제하는 작용을 한다.

최근에는 고혈압을 해결하기 위한 항고혈압 약물들은 치매 등 다른 질병에도 효과를 거두고 있을 만큼 고성능 고혈압 약물들이 속속 등장하고 있다. 고혈압 퇴치 신무기들이 계속 업그레이드되고 있는 것이다. 예를 들어 고혈압 약물들이 알츠하이머 질환을 예방하거나 증상의 진행을 늦출 수 있다는 연구 결과가 최근 나왔다. 쉽게 말해 고혈압 치료제로 고혈압도 치료하고, 치매도 예방한다는 뜻이다. 이른바 일석이조라는 말이 제격일 듯하다.

고혈압 퇴치 신무기들인 항고혈압 약물의 성능도 다소 차이가 있다. 기관총과 권총에서 뿜어져 나오는 화력이 차이가 나듯 ARBs 고혈압 약물을 복용하는 사람은 ACE 억제제와 같은 다른 고혈압 약물을 복용한 사람들과 비교해서 치매에 걸릴 확률이 40퍼센트 낮은 것으로 나타났다.

고혈압 약물들이 피부암 위험성을 낮춘다는 연구 결과도 제시되고 있다. ACE 억제제와 ARBs 약물이 기저세포(basal cell) 피부암이나 편평세포(squamous cell) 피부암 위험을 감소시키는 것으로 나타났다. VA 메디컬센터와 브라운 대학의 연구팀은 ACE 억제제나 ARBs 약물들이 암세포의 성장을 늦추고, 이들 약물을 복용하는 환자들은 비흑색종성 피부암 위험이 감소되는 것으로 나타났다고 발표했다. 연구팀은 ACE 억제제나 ARBs를 복용한 그룹은 그렇지 않은 그룹과 비교해 상대적으로 기저세포암 발생 39퍼센트, 편평세포암 발생 33퍼센트가 적은 것을 발견한 것이다. 연구를 주도한 제니퍼 크리스티안(Jennifer Christian) 박사는 기저세포암이나 편평세포암을 포함해 각질형성세포(keratinocyte) 피부암 발생 위험성이 높은 1,051명의 퇴역 군인을 대상으로 코호트(cohort) 연구를 실시했다. 코호트 연구는 특정 위험요소를 보유한 집단을 추적하면서 위험요소에 따른 결과를 조사하는 연구를 말한다.

연구팀은 이전에 투여했던 약물의 유효성을 파악하기 위해 연구 대상이 된 사람들의 약물 투여 기록을 확보해 ACE 억제제나 ARBs 이용에 대한 DB를 수집했다. 연구팀이 이들을 추적·조사하는 데 평균 약 3.4년의 시간이 소요되었다. 결과에 의하면 기저세포암 발생 472명, 편평세포암 발생 309명, 사망

200명인 것으로 나타났다. 그러나 ACE 억제제나 ARBs를 복용한 사람들의 암 발생률은 1,000명 당 273명이었고, 비복용자는 1,000명 당 374명이었다. 즉, ACE 억제제나 ARBs 복용은 비흑색종성 피부암 발생 위험성을 낮추는 것이란 결론이 도출되기에 이른 것이다. 이처럼 고성능 항고혈압 '신무기'들이 속속 등장하면서 고혈압 완치에 대한 기대감을 인류는 점차 가져 가고 있다.

고혈압, 사라질 것인가?

그렇다면 20~30년 후에는 고혈압은 사라질까? 아니면 50년 후에는? 아니면 100년 후에는 가능할까? 이 질문에 대한 답은 '아니요'가 비교적 정확한 답이 될 듯하다. 인류가 존재하는 한 고혈압이란 병은 인류의 '질병 리스트'에서 삭제될 가능성은 상당히 희박하기 때문이다.

그렇다면 고혈압이란 질병에 속수무책으로만 당할 것인가? 고혈압을 해결하려면 어떻게, 무엇을 해야 할까? 의료계는 향후 고혈압의 발병 원인을 규명하고, 치료법에 대해 더욱 정교한 치료법을 찾아내겠지만, 고혈압이란 질병을 지구에서 활보하지 못하게 하는 최상의 해법은 결국 예방으로 보고 있다. 예방만큼 확실한 퇴치법은 없다. 어떻게 보면 아주 당연하고 단순한 이야기지만, 정답에 가장 근접한 해법일 것이다.

그럼 고혈압의 압박에서 벗어날 수 있는 고혈압 예방 수칙은 몇 가지나 될까. 고혈압을 예방하기 위한 생활 수칙을 머릿속에 각인시켜 보자. 이 생활 수칙이 인류의 '영원한 질병' 고혈압 예방의 핵심 무기가 될지도 모르기 때문이다.

고혈압 예방 수칙 중 첫 번째는 표준체중을 유지하는 것이다. 비만이란 표준체중 '(신장-100)×0.9'보다 20퍼센트 이상 증가된 상태를 나타내며 혈압상승과 밀접한 관계가 있다. 따라서 체중의 적절한 관리를 위한 개별적인 식이요법과 신체적 활동의 증가 외에 체계적이고 적극적인 관리 프로그램에 참석하는 것도 도움이 될 수 있다.

두 번째는 음식을 싱겁게 먹는 것이다. 소금은 필수불가결한 영양소이지만 우리 국민은 서구의 10그램, 일본의 12그램에 비해 생리적 필요량보다 훨씬 많은 하루 15~20그램을 섭취하고 있다. 따라서 고혈압 발생 비율이 15~20퍼센트에 이르는 것도 결코 우연한 일은 아니다. 소금 섭취량이 많을수록 고혈압 발생률이 높으므로 반찬을 싱겁게 하고, 소금이 많이 들어가는 국이나 라면, 패스트푸드 등의 음식을 피해야 한다.

세 번째로 심리적인 안정도 중요하다. 불안, 우울증 등의 정서적인 요인은 고혈압의 위험을 증가시킨다. 스트레스는 교감신경 흥분 및 다른 작용을 통해 혈압 상승 외에도 건강에 많은 해를 끼치므로 항상 충분한 휴식과 수면을 취하고 마음의 평안을 유지하는 것이 필요하다.

네 번째로 규칙적인 운동을 하자. 운동량이 적고 주로 앉아서 일하는 사람에게는 비만증이 따르게 되고 활동적인 사람에 비해 고혈압 발병의 위험이 20~50퍼센트 증가한다. 운동과 혈압의 관계를 살펴보면, 모든 종류의 운동이 일시적으로는 혈압을 상승시키지만 걷기, 조깅, 수영, 자전거 타기 등의 유산소 운동은 지속적으로 꾸준히 하면 혈압을 떨어뜨리는 효과가 있다. 옆 사람과 겨우 이야기할 정도나 약간 숨이 찰 정도의 속보로 매일 30~45분씩 걷거나 1주일에 3~4회 규칙적으로 운동하는 것이 좋다.

다섯 번째로 절주는 중요한 조건이다. 고혈압 환자의 약 10퍼센트가 일코올과 관계된 깃으로 추산되듯 다량의 알코올은 고혈압과 뇌졸중의 위험인자다. 혈압과 관련해 알코올의 하루 허용량은 30밀리리터이므로 맥주는 720밀리리터, 와인 300밀리리터, 50도 위스키 60밀리리터, 소주는 90밀리리터로 제한하고 여자와 체중이 적은 사람은 절반으로 줄여야 한다. 정상인에게서 적정량의 음주는 혈압 강하에 도움이 될 수 있지만 알코올로 인해 고혈압 환자가 된 경우는 반드시 금주를 해야 한다.

여섯 번째로 금연이다. 흡연은 잘 알려진 바와 같이 고혈압, 고지혈증, 당뇨병과 더불어 심혈관계질환의 주된 위험인자이며, 이외에도 순환기질환과 여러 장기의 악성종양의 발생과 관계되므로 금연에 관해 아무리 강조해도 지나치지 않을 것이다.

2030년 당뇨병 대란이 온다

남아프리카공화국 최초의 흑인 대통령 넬슨 만델라, 소설가 어니스트 헤밍웨이, 세종대왕. 이들은 모두 당뇨병 환자라는 공통점을 가지고 있다. 3,400여 년 전 이집트 역사상 가장 막강한 권력을 소유한 여왕인 하트셉수트의 미라가 지난 1903년 발견되었다. 22년간 이집트 제18왕조를 통치했던 최초의 파라오인 하트셉수트 역시 뚱뚱한 몸매로 당뇨병을 앓았던 것으로 보고되었다. 고대 이집트 시대에도 당뇨병이 있었다는 사실은 오랜 시간 당뇨병은 인류 역사에 깊숙이 침투해 있었던 질병이라는 것을 알게 해 주는 대목이다.

당뇨병의 역사에 대해 좀 더 살펴보자. 1세기, 아라테우스는 당뇨병에서 소변이 많이 나오고 체중이 줄어 가는 것을 보

고 ‘팔다리와 근육이 소변으로 녹아 나가는 병’이라고 기술했
고, 고대 의사들은 당뇨병 환자의 소변에서 단맛을 발견하고
소변에 당이 나오는 것을 알았다. 17세기 영국 의사 윌리스
(Thomas Willis)는 당분이 없는 소변이 많이 나오는 뇌하수체 질
환인 ‘요붕증’과 구별하기 위해 꿀과 같이 달다는 말을 첨가
해 당뇨병(diabetes mellitus)이라고 부르게 되었다. 그 후로도 수
많은 학자들이 당뇨병의 원인과 치료법을 찾기 위해 노력하고
있다.

당뇨병은 현대인에게 가장 많이 발생되는 비(非)전염성 만
성질환이며 오줌 속에 당이 섞여 나오는 것을 말한다. 당뇨병
은 다음(多飮, polydipsia), 다뇨(多尿, polyuria), 다식(多食, ployphagia)
의 증상이 특징적으로 나타나므로 ‘3다(三多)의 질병’으로도
불린다. 즉, 당뇨병에 걸리면 혈당이 상승하므로 갈증이 심하
게 나서 밤중에도 계속 물을 마시게 되고, 따라서 소변을 자주
그리고 많이 보게 되며, 배가 고파서 자주 음식을 찾게 되지만
체중은 감소되고 매우 피로해진다. 또 피부가 가렵고 부스럼
이 나서 화농되기 쉬우며 잘 낫지도 않는다. 시력도 흐려지고
신경위축으로 통증과 안근 신경마비 등이 나타난다.

2030년 당뇨병 대란

당뇨병은 제1형과 제2형이 있다. 제1형은 혈중 포도당의 수
치를 낮춰 주는 인슐린(insulin)이란 호르몬이 췌장에서 분비가

안 되어 생긴다. 그 원인은 아직 밝혀지지 않았는데, 인슐린을 분비하는 췌장의 베타세포가 스스로의 항체에 의해 파괴되어 생기지 않을까 추측하고 있다. 제2형은 혈중 인슐린의 양은 충분하지만 어떤 이유로든 인슐린에 저항성이 생겨 인슐린이 제구실을 하지 못해서 생긴다. 체외에서 인슐린을 공급해 줘야 하는 제1형과 달리 제2형 환자에게는 혈당 강하제를 투여해야 하는데, 제2형의 원인 중 하나가 바로 '비만'이라고 추측된다. 제1형 당뇨병은 통상적으로 어렸을 때 발병해 평생 혈당수치를 측정하며 인슐린 주사를 맞아야 한다. 다른 치료법은 없다.

최근 당뇨병 환자 수가 거의 전염병 수준으로 기하급수적으로 급증하고 있다. 국제당뇨병연맹(IDF)은 전 세계 2억 3,000만 명이 당뇨병을 앓고 있으며, 이 중 10퍼센트가 제1형 당뇨병이라고 추산하고 있다. 세계보건기구는 당뇨병 환자가 2025년에는 지금보다 50퍼센트가량 더 늘어나고, 2030년까지 현재보다

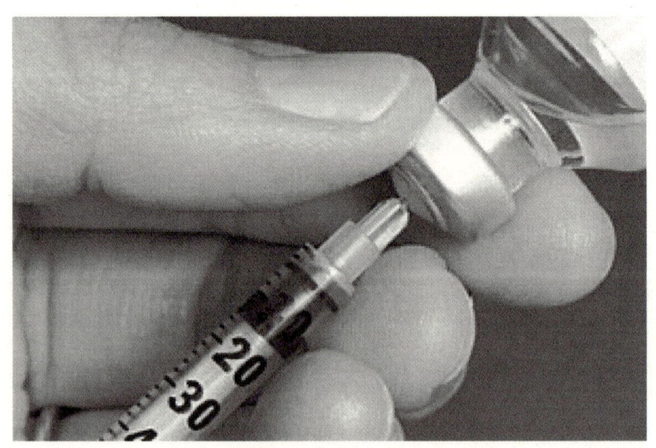

제1형 당뇨병에 유용한 인슐린 주사.

2배(약 4억 6,000만 명) 이상 증가할 것으로 경고하고 있다.

가히 '당뇨병 대란'이 머지않아 다가올 재앙임을 경고하는 지표가 아닐 수 없다. 특히 아시아의 당뇨병 환자 증가 추세는 지구적 수준을 압도하고 있다. 아시아에는 당뇨병 환자가 많은 다섯 개 국가 중 네 곳이 있는데, 2000년 기준으로 인도 3,170만 명, 중국 2,080만 명, 인도네시아 840만 명, 일본 680만 명 순을 보였다.

우리나라는 당뇨병으로 인한 사망률이 OECD 국가 중 가장 높은 것으로 보고됐다. 2002년 한국의 당뇨병 사망률은 인구 10만 명당 35.3명으로 일본(5.9명), 영국(7.5명), 독일(16.6명)보다 크게 높은 것으로 나타났다. 또 진단되지 않은 당뇨병 환자를 합치면 현재 우리나라의 당뇨병 환자의 수가 약 400만 명에 달하고 있다. 2000년 이후로는 매년 당뇨병으로 인해 1만~1만 2,000명이 사망하고 있는 실정이다. 또 해마다 27만 명이 새롭게 당뇨병에 걸리고 있다. 전체 건강보험 재정의 20퍼센트(약 3조 원)가 합병증을 포함한 당뇨병 치료에 쓰이고 있다.

당뇨병 환자 1인당 평균 진료비는 일반인의 4.6배에 이르고 있다. 국내 당뇨병 치료제 시장 규모는 2004년 1,600억 원에서 2005년 2,000억 원으로 증가했고, 2007년 3,100억 원을 기록하며 3,000억 원 시장규모를 넘어섰고 2008년 3,600억 원 이상 규모를 나타내며 4,000억 원대에 육박하고 있다. 당뇨병 대란이 예상됨에 따라 약물 시장 규모도 급팽창할 것으로 전망되고 있다. 글로벌 분석기관 모건 스탠리(Morgan Stanley)는 전

세계 당뇨병 치료약물 시장 규모는 2005년 170억 달러 규모
에서 2012년 최소 350억 달러(약 40조) 이상으로 2배 이상 확
대될 것으로 내다보고 있다.

불멸의 당뇨병, 근본적인 퇴치법은 없을까?

당뇨병은 한번 발병하면 현대 의학으로 어떤 치료를 하더
라도 병 자체가 없어지지 않는 질병 중 하나다. 병 자체가 없
어지지 않는다는 점에서 불멸의 특성을 가지고 있다고 볼 수
있다.

예를 들어 A씨가 병원에서 당뇨병 진단을 받는다. 그런데
A씨는 당뇨병 이외에 합병증도 발병될 수 있다는 경고를 듣
는다. 당뇨병은 서서히 진행되는 병이니 잘 치료하면 별 탈 없
이 평생을 살 수 있지만 제대로 치료하지 않으면 심각한 합병
증이 발생할 수 있다는 것이다. 즉, 당뇨병 이외의 다른 질병
에 대한 공포가 시작된 것이다.

당뇨병 말기에 찾아오는 심각한 합병증은 콩팥, 신경, 망막
등에서 발생한다. 그러면 콩팥이 제대로 된 기능을 하지 못하
고, 통증으로 고통 받고, 눈에 이상이 생겨 눈이 멀게 되는 상
황이 초래된다. 복합적으로 인체 기능이 무너지면 결국 사망
에 이를 수 있다.

미국 당뇨병학회의 최신 발표에 의하면 공복 혈당치가
126mg/dL 이상, 식후 혈당치가 200mg/dL 이상일 때 당뇨병

으로 진단된다. 그러나 공복 혈당치가 100~125mg/dL, 식후 혈당치가 140~199mg/dL 구간에 속한다면 이미 당뇨 전 단계라고 볼 수 있기 때문에 적극적인 약물 치료를 통해 기준치 이하로 혈당을 유지해야 한다.

최근에는 췌장을 자극하지 않고 인체의 메커니즘에 따라 자연적으로 혈당이 조절되도록 돕는 약제가 개발돼 주목받고 있다. 일부 약물은 혈당을 조절하는 과정에서 과도하게 혈당이 낮아지는 저혈당 현상이 나타나기도 하지만 새로 개발된 DPP-4 억제제(dipeptidylpeptidase-4 inhibitor, 디펩티딜펩티다세-4 억제제) 계열 당뇨 치료제는 이 같은 부작용의 염려를 덜어 줬다.

'가브스'와 '자누비아' 같은 DPP-4 억제제는 체내 인크레틴 기능을 억제해 자연적인 혈당 조절을 방해하는 DPP-4 효소만을 선택적으로 억제하고, 췌장 섬세포 기능 부전을 표적으로 작용한다.

제2형 당뇨 환자는 췌장 섬세포의 기능 부전이 생기며, 이로 인해 췌장 섬세포 중 알파세포에서는 당 과잉 생성을 유발하고, 베타세포에서는 인슐린 분비가 저해된다. DPP-4 억제제는 췌장의 알파세포와 베타세포 모두를 표적으로 작용해 신체의 자연적인 혈당 조절 능력을 개선시키며, 베타세포의 기능을 장기적으로 개선해 당뇨병 진행을 늦출 수 있다.

TZD 계열 아반디아, 액토스 같은 기존 당뇨병 치료제로는 췌장 섬세포의 기능 상실을 피할 수 없었는데, DPP-4 억제제 계열 약물의 출현으로 췌장 섬세포 기능을 보호하고 신체의 자연적인 혈당 조절 능력을 향상시킬 수 있을 것으로 보인다.

　제2형 당뇨병의 치료가 어려운 이유는 원인이 복합적으로 나타나기 때문이다. 인슐린 저항성이 나타나는 이유는 분비된 인슐린이 인체에서 단계적 기능을 하는 데 필요한 수용체의 수가 적거나, 수용체가 인슐린과 결합을 제대로 못 하거나, 수용체가 제대로 결합했다 해도 다음 단계로 신호를 전달해 주는 티로신 키나제(tyrosine kinase)가 제대로 기능을 못 하거나, 포도당 운반체가 포도당 운반 기능을 제대로 못 하는 경우 등 수많은 경우의 수가 존재한다.

　의학계는 스트레스, 복부 비만, 노화 등이 인슐린 저항성 발생을 쉽게 만드는 것으로 인슐린, 인슐린 수용체, 티로신 키나제 등은 모두 단백질이므로 이러한 단백질이 제대로 생산되려면 이 단백질을 합성할 수 있는 유전정보를 지닌 유전자가 정상적이어야 한다고 보고 있다.

　제1형 당뇨병의 경우 인슐린을 투여받는 것이 가장 숭요한 치료법이고, 그 외에 증상을 호전시킬 수 있는 보존적 치료 등을 실시할 수 있다. 2007년 미국 마이애미 대학교 당뇨연구원은 실험용 동물을 이용해 췌장에 줄기세포를 이식함으로써 당뇨병을 치료할 수 있다는 결과를 발표했다. 또 이스라엘 텔아비브 대학의 사이먼 에프랏(Shimon Efrat) 교수팀은 최근 인슐린을 생산하는 베타세포를 이용한 세포 치료법에 대한 연구를 진행한 결과, 체외에 배양한 베타세포를 제1형 당뇨병 환자에게 이식하는 것이 가능할 것이라고 밝혔다.

베타세포는 음식을 섭취했을 때 단기적으로 음식의 분해를 조절하는 인슐린을 분비하는 역할을 담당하고 있다. 검사를 통해 환자가 당뇨병이라고 확진되었을 때는 이미 거의 대부분의 베타세포가 파괴된 경우가 많으며, 증상을 호전시키기 위해 인슐린을 투여하지만, 몇몇 환자들의 경우 생존을 위해서는 장기이식이 필요한 경우도 있다.

췌장의 베타세포에서 인슐린을 분비하지 못하는 것이 제1형 당뇨병이므로 정상적인 췌장의 베타세포가 생겨날 수 있게 해 주면 이를 해결할 수 있을 것이리는 가능성은 이미 오래 전부터 제기되고 있었다.

연구팀에 의하면 베타세포를 배양하는 기술은 췌장이나 신장의 이식이 아닌 인공적으로 세포의 수를 늘린 인슐린 분비 세포를 이식하는 것으로 향후 간단한 수혈을 통해서 당뇨병의 치료를 가능하게 할 수도 있다.

따라서 유병률이 상대적으로 훨씬 낮은 제1형 당뇨병의 새로운 치료법이 개발된 것에 자극을 받아 하루빨리 제2형 당뇨병 치료에도 계속해서 좋은 연구 결과가 쏟아져 ‘당뇨병 공습’에서 인류가 자유롭게 되는 시기를 기대해 본다.

세계의 3분의 1이 비만 환자

비만은 이제 각종 성인병을 유발하는 '질병'으로 세계보건 기구가 규정하고 있다. 세계비만연맹은 현재의 비만 인구 증가 추세가 지속되면 2015년에 전 세계적으로 7억 명, 2025년에는 전 세계 인구의 3분의 1이 비만 환자(체질량지수 30kg/㎡)가 될 것이라고 예측하고 있다.

미국은 비만과의 전쟁을 선포하고, 건강한 생활양식을 촉진할 수 있는 사회 환경 조성에 힘을 쏟고 있다. 미국은 15세 이상을 기준으로 전체 인구에서 비만 인구의 비중이 32.3퍼센트로 높은 분포를 보이고 있기 때문이다. 미국 정부 및 지자체는 비만 문제를 해결하기 위해 패스트푸드점의 추가 개업 금지, 트랜스지방 사용 규제, 저지방 웰빙 메뉴 개발을 권장하는 정책을 적극 펴고 있다. 또 미국 생명보험회사들은 보험료를 책정할 때 암, 고혈압, 당뇨병, 간질환처럼 비만을 위험한 질병으로 간주하고 보험료를 올려 받을 정도로 위험성을 인지하고 있다.

세계에서 비교적 날씬한 나라 중 하나인 일본도 비만과의 전쟁을 벌이고 있다. 단순한 다이어트 차원이 아니다. 일본 후생성은 최근 40~74세 건강보험 가입자를 대상으로 건강검진 항목에 '허리둘레 측정'을 추가했다.

기준은 2005년 국제당뇨병연맹(IDF)이 일본에 권고한 남성 85센티미터(33.5인치), 여성 90센티미터(35.4인치)다. 건강검진에서 이를 초과한 사람들은 소속 회사나 지방자치단체 보건소 등의 의사, 영양사 등의 지도에 따라 가혹한 생활습관 교정을 받아야 한다. 일본 정부는 2013년부터 허리둘레 기준(남 33.5인치, 여 35.4인치)을 충족하지 못하는 사람의 소속 회사에 벌금을 물리고, 지방자치단체에는 정부 보조금을 줄이는 방안까지 추진할 계획이다.

우리나라도 최근 비만 예방을 위한 정책을 적극 추진하고 있다. 비만 인구 급증에 대한 대비책이다. 국내 비만 인구는 20~50대의 경우 10명 중 4명에 달할 것으로 추산되고 있다. 국민건강영양조사(2005)에 의하면 20세 이상 대상자의 비만 유병률은 남자 35.2퍼센트, 여자 28.3퍼센트로 나타났다. 연령별 비교 시 남자는 40대와 50대의 유병률이 높은 반면, 여자는 50대와 60대의 유병률이 높은 것으로 분석됐다. 지난 7년간의 증가 추세를 기준으로 우리나라는 2025년에 국내 성인 인구 2명 중 1명(46.4퍼센트)이 비만 환자가 될 것으로 예측될 만큼 비만 인구가 늘고 있다.

정부의 비만 예방 대책에 의하면 어린이 비만 예방을 위해 '건강 식생활 지침'을 마련하고 '비만 예방 생활체조'를 개발해 일선 학교에 보급하는 방안 등을 담은 '어린이 영양관리 및 비만 예방 대책'을 확정, 적극 추진한다고 한다. 정부는 이를 위해 2012년까지 향후 5년간 6,360억 원을 투입해 식생활 개선, 비만 예방 대책 등 5개 분야 17개 과제를 확정·추진키로 했다.

비만이 위험한 이유

비만은 단순한 과체중을 말하는 것이 아니다. 체지방의 양이 정상치보다 많은 상태를 말한다. 비만은 모든 성인병의 원인이 된다. 비만인은 정상인보다 당뇨병과 고지혈증, 고혈압, 관상동맥질환에 잘 걸리며 각종 암과 관절질환의 발병률이 높아진다.

한 연구에 의하면 체질량지수(체중(kg)/키(m)의 제곱)가 25를 넘으면 남녀 모두에서 체질량지수에 비례해 사망률이 증가한다. 예를 들어 체질량 지수가 35를 넘으면 당뇨병 사망률이 8배 증가하고 암 사망률은 1.5배 늘어난다. 비만의 원인으로 잘못된 식습관, 술, 트랜스지방, 밀가루, 당분, 운동부족, 스트레스,

호르몬 이상 등 여러 가지가 꼽히고 있다. 또 빨리 먹는 습관도 비만을 부르는 대표적인 식습관이다. 일본의 한 연구팀이 수년간 22개 대학 여대생 1,655명의 식습관을 조사한 결과, 음식을 먹는 속도가 빠른 사람이 그렇지 않은 사람에 비해 체중이 5.8킬로그램이나 더 나가는 것으로 나타났다.

일반적인 비만으로는 과식과 운동부족 그리고 유전적 소질이 있는 경우에 발생하는 단순비만증이 있고, 내분비질환으로 인한 경우는 1퍼센트 미만 정도로 보고 있다. 그러나 양측 부모가 모두 비만일 경우 자녀에게 비만이 발생할 확률은 무려 80퍼센트나 된다. 따라서 비만 부모는 자녀들이 어릴 때부터 비만하지 않도록 교육해야 한다. 특히 임신 후기가 중요한데 이때 임신부가 많은 음식을 먹게 되면 태아에게 비만증을 유발할 가능성이 높으며 태아 비만증은 성인 비만증으로 직결될 수가 있다. 여성에게 비만은 치명적인 것이다.

또 유산 전례가 있는 여성이 비만이라면, 다시 유산할 위험성이 높다는 연구 결과도 나왔다. 영국 세인트메리 병원 연구팀에 의하면 유산 경험이 있는 696명의 여성들을 추적·조사한 결과에서 이같이 나타났다.

실험에 참가한 여성들의 절반 이상이 정상 몸무게였고, 30퍼센트는 과체중, 15퍼센트는 체질량지수(BMI, body mass index) 30 이상의 비만이었다. 연구팀은 비만이 있는 유산 전례 여성이 다시 유산할 위험성이 73퍼센트까지 증가하는 것을 발견했다. 즉, 직접적으로 체질량지수와 유산 재발과의 상관관계를 보여 준 것이다. 의학자들은 뚱뚱한 여성이 유산하지 않고, 임신에 성공하기 위해서는 우선 체중을 줄여야 한다고 강조한다. 또 여성에게 비만이 위험한 이유는 월경불순이나 유방암의 발생 빈도도 높아지기 때문이다. 이외에 비만은 자신감을 없애므로 대인기피증 등 정신적인 문제도 야기한다. 폐경기 여성은 비만할수록 암 발생 위험이 높아진다는 연구 결과가 「Journal of Clinical Oncology」지에 발표되기도 했다.

비만은 인지 능력을 떨어뜨릴 수 있다. 인슐린이 수용체에 달라붙으면 신경신호가 전달되면서 기억이 형성된다고 알려져 있다. 비만이거나 혈당, 혈압이 높으면 인슐린 수용체의 이런 기능에 문제가 생긴다. 비만은 인지능력에 장애 유발에 원인이 된다는 이야기다. 또 비만은 심근경색(heart attack) 발병 위험성을 높일 수 있다. 미국 듀크 대학 의과대 심장학과 에릭 피터슨 박사팀은 2008년 심근경색 환자 11만 1,000여 명의 데이터를 가지고 심근경색에 처음 걸린 나이와 비만도를 측정하는 체질량지수를 분석한 결과, 비만은 심근경색 발병 위험성을 높이는 것으로 나타났다고 발표했다.

비만에서 벗어나려면

각종 성인병을 유발하는 비만에서 벗어날 수 있는 해법은 어떤 것이 있을까. 현재 비만 치료 방법에는 식이요법, 운동요법, 행동수정요법 그리고 수술요법이 있다. 그런데 향후 10년 후에는 치료법의 변화가 어느 정도 생길 것인가? 20~30년 후에는? 비만의 핵심 개념은 결국 살이 찐다는 것이다.

비만에서 벗어날 수 있는 방법 중 가장 기본이 되는 것으로 '식이요법'을 들 수 있다. 의학의 발전과 더불어 비만 치료약물이 비약적으로 발전하고 있지만, 식이요법은 미래 의학에서도 빠질 수 없는 치료법이 될 것이다. 아무리 최신 연구가 발전되어 치료약물의 업그레이드가 이뤄지더라도, 인체 비만의 원리가 미래에서도 변하지 않는다면 식이요법은 무시할 수 없는 비만 해결의 기초 공식인 것이다.

식이요법 중에서 우선 신경 써야 하는 것은 일단 소화기관에서 가장 흡수되기 쉬운 고열량식품을 피하는 생활습관이다. 이를 위해선 당분이 많은 과자류와 빵, 사탕, 아이스크림 등을 피해야 한다. 대신 열량이 적은 채소와 과일 등 고섬유식 식사를 권장한다. 단백질이 부족하면 신체 기능을 제대로 할 수 없으므로 살코기, 계란 등을 적당히 섭취하도록 한다. 과일은 너무 많이 먹는 것은 삼가고 하루 1~2개 정도로 적당히 먹도록 한다.

특히 물은 하루에 6~7컵 정도 충분히 마시는 것이 좋다. 물은 몸무게 중 60퍼센트를 차지하고 우리 몸에서 다양한 생리작용을 하는 존재다. 수분대사는 많은 에너지를 필요로 하기 때문에 물만 잘 마셔도 비만 걱정 없이 건강을 유지할 수 있다. 콩팥은 물을 흡수해 배설하기 위해 상당한 에너지를 사용하는 만큼 공복에 물을 자주 마시면 신진대사가 왕성해져

칼로리를 소비할 수 있다.

그러나 식사 도중 마시는 물은 비만을 촉진한다. 혈당수치를 급격하게 올리기 때문이다. 혈당이 갑자기 올라가면 혈당을 떨어뜨리기 위해 인슐린이 등장하는데 이 호르몬은 혈당수치를 낮추기 위해 혈액 속의 포도당을 지방조직에 잡아다 가두는 일을 해서 살이 찐다. 그래서 식사 중에 물을 마시는 것은 삼가는 것이 좋다.

음식을 서둘러 먹을수록 살이 찌는 이유는 과식이 그 원인으로 꼽힌다. 빨리 음식을 먹게 되면 음식을 더 많이 먹게 된다는 것이다. 포만감을 느끼는 대뇌 밑 시상하부의 만복중추가 최소 10~20분이 지나야 배부르다는 것을 인지하기 때문에 빨리 음식을 먹으면 배부르다는 신호를 느끼지 못하고 과식하게 된다.

트랜스지방이 많이 함유된 피자, 햄버거, 치킨, 과자, 빵, 튀김, 라면 등을 과다하게 섭취하면 고지혈증, 동맥경화, 심장병, 뇌졸중, 대장암, 전립선암, 난소암, 유방암, 당뇨병 등이 올 수 있다. 최근에는 '트랜스지방 제로'를 선언한 음식이 갈수록 많아지고 있지만 패스트푸드는 여전히 '비만 예방의 적'이다.

'살을 빼기 위해 과일만 먹으면 된다'고 생각하고 과일을 비만 탈출의 '보증 수표'로 여기는 사람들이 적지 않다. 즉, 과일은 많이 먹어도 살이 안 찐다고 여기는 것이다. 이런 기초지식을 가진 사람들일수록 비만이 되는 경우가 급증하고 있다. 결과적으로 살을 빼기 위해 저녁 대신 과일을 먹다가는 오히려 살이 더 찔 수도 있다. 과일은 비타민, 무기질, 섬유질 등 각종 영양소가 풍부하게 들어 있고 신진대사를 촉진하기 때문에 우리 몸에 좋은 식품이다. 하지만 과일은 당분도 많은 식품이므로 너무 많이 먹어서는 안 된다.

비만 치료제의 등장

새로운 개념의 질병이 등장하면, 인류는 해당 질병을 치료하는 약물을 개발함으로써 질병의 습격을 막기 위해 안간힘을 쓰게 된다. 비만도 예외는 아니다. 비만이 단순히 미용의 개념의 아닌 각종 성인병을 유발하는 '질병'으로 간주되면서부터 인류는 비만 퇴치를 위한 치료제 개발에 박차를 가하고 있다.

비만을 해결하기 위한 SSRI(selective serotonin reuptake inhibitor, 세로토닌) 계열 약물은 원래 우울증 치료를 위해 개발되어 승인된 의약품이다. SSRI 계열 약물은 릴리(Lilly) 사의 프로작이 대표적인데, 세계적으로 가장 많이 처방되는 항우울제 중 하나로 꼽힌다. 즉, 처음에는 FDA에서 우울증 치료제로 승인받았지만, 이후 신경성 식욕과항진증에 효과가 있고 단기간 임상시험에서 체중감소 효과를 보인다는 것이 보고되어 비만 치료제로 각광받고 있다. 특히 과도한 식욕으로 인한 비만이나 금연 후 체중 증가 등에 효과가 있는 것으로 알려진다.

또한 비만 치료에는 교감신경계통 물질 분비 자극 약물(noradrenergic drug)도 사용되고 있다. 이들 약물은 교감신경계통의 물질 분비를 자극해 결과적으로 식욕의 감소, 에너지 소비 증가를 일으켜 비만을 해결하는 특징을 가지고 있다.

강력한 식욕억제 효과가 있지만 한편으로는 내성이 금방 발생해 장기간 투약할 때 세로토닌과 노르에피네프린(norepine-phrine)의 재흡수를 막는 '리덕틸'이나 지방흡수 저해제 '제니칼'에 비해 효과가 떨어진다는 평가도 제기된다. 리덕틸과 같은 노르에피네프린과 세로토닌의 재흡수(reuptake)를 차단하는 약물들은 세로토닌과 노르에피네프린의 재흡수를 막아 식욕을 억제시키고, 기초대사량과 체내 열 생산도 증가시키는 작용을 한다. 이 약물은 불면증, 심계항진 등의 부작용이 일어날 수 있지만, FDA에서 장기간 사용에 대한 안정성을 인정받았고, 체중 감소 효과도 지속적이라는 평가를 받고 있다.

지방흡수 저해제 제니칼(Xenical)은 세계적으로 가장 많이 사용되는 비만 치료제 중 하나다. 무엇보다 열량이 흡수되기도 전에 막는 만큼 타 약제보다 안전성이 뛰어나 처방전 없이 구입 가능한 일반의약품으로의 전환도 논의되고 있다. 제니칼의 성분인 오르리스타트(orlistat)는 소화된 지방과 결합해 장내에서의 흡수를 억제해 식사 중 지방 성분의 일부를 그대로 배설시키는 작용을 한다.

이러한 약물 치료와 행동수정요법이 비만 해결을 위해 병행된다면 비만 정복에 더 가까이 다가설 수 있다. 통상적으로 비만해지는 것은 잘못된 생활습관으로 생기는 경우가 대부분이기 때문에 비만의 치료에 있어서도 식사요법이나 운동요법과 같은 행동수정요법을 실시하는 것이 필요하다. 운동요법은 단위시간당 칼로리 소모량이 높은 수영과 조깅이 권장되고 있다. 그러나 운동은 자신에게 적당한 종목을 고르되 매일 재미있게 할 수 있는 종목이라야 한다.

여러 가지 치료법을 통해 비만 해결이 안 될 때, 쓰는 최후의 수단은 수술요법이다. 다른 방법으로 비만이 조절이 안 되고 비만으로 인한 합병증이 심할 경우에 실시한다. 수술요법은, 위를 축소시켜 음식물의 섭취를 억제하는 방법인 '위절제술', 소장을 잘라 내어 영양분을 흡수할 수 있는 면적을 감소시키는 방법인 '소장절제술', '지방흡입술' 등이 있다.

암 박멸은 요원한가?

"40년이 지났지만, 여전히 인류와 암과의 전쟁에서 인류는 암세포에 패배하고 있다." 미국 시사주간지 「뉴스위크」는 1971년 이후 '국가 암 퇴치법(National Cancer Act)' 정책에 의해 지금까지 약 220조 원의 자금이 투입되며 연구가 진행됐지만, 2008년 미국에서만 56만 5,600여 명이 암으로 사망했다고 발표했다. 주목되는 것은 1971년 미국의 암 사망자 수보다 23만 명(69퍼센트)이 더 늘어났다는 점이다.

우리나라의 경우에도 국민 10명 중 3명은 암으로 사망할 만큼 암은 흔한 질병이다. 통계청 조사에 의하면 2006년 총 사망자 24만 6,000명 가운데 6만 5,000명이 암으로 사망했다. 이 같은 수치는 전체 사망자의 26.7퍼센트에 해당한다.

또 복지부 조사 결과에 의하면, 2003년부터 2005년까지 연도별 암 발생 건수는 2003년 12만 4,209건, 2004년 13만 2,005건, 2005년 14만 2,610건으로 총 39만 8,824건이었다. 2003년부터 2005년까지 종류별 암 발생 건수 순위는 위암이 가장 많이 발생하는 것으로 나타났으며, 이어 폐암, 대장암, 간암, 갑상생암, 유방암, 자궁경부암 순으로 나타났다. 또한 우리나라 국민이 평균수명(남자 75세, 여자 82세)까지 살 경우 남자는 3명 중 1명(31.9퍼센트), 여자는 4명 중 1명꼴(25.5퍼센트)로 암에 걸리는 것으로 나타났다.

한편 1993~1995년 대비 2001~2005년 사이 발생한 암 환자의 5년 상대생존율(이하 생존율)은 향상된 것으로 나타났다. 1993~2005년까지의 암 발생자 115만 1,789명을 대상으로 2006년 12월까지 추적·조사한 생존율 분석 결과, 1993~1995년 전체 암 환자의 5년 생존율은 41.2퍼센트인데 비해, 1996~2000년의 5년 생존율은 44.0퍼센트, 2001~2005년은 52.2퍼센트로 나타나, 생존율이 11퍼센트포인트 증가했음을 알 수 있다.

양성 혹은 악성, 암은 왜 생길까?

조사 결과에서 주목되는 점은 암 사망률이 매년 증가 추세를 보이지만, 역설적으로 암 생존율 역시 증가하고 있다는 것이다. 암 생존율 증가는 '사형 선고'와도 같던 암에게 인류가

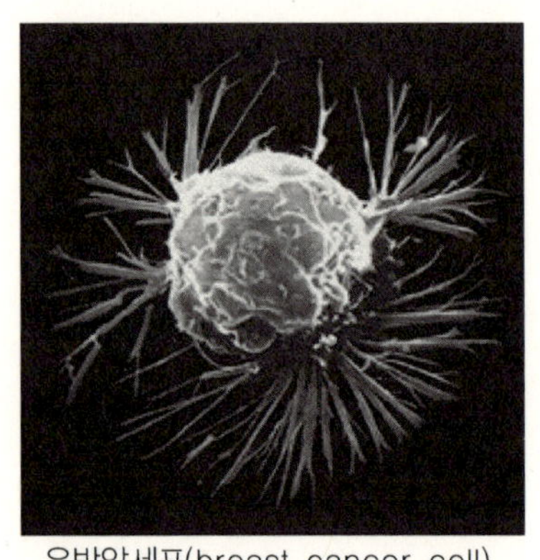
유방암세포(breast cancer cell).

속수무책으로 당하고만 있지는 않다는 것을 반증한다.

암이란 진행이 빠른 병이어서 진단을 받은 후 치료를 받지 않으면 5년 이상 생존한다는 것이 거의 불가능하다. 그래서 역으로 '5년간 생존했다'는 것은 암이 진행하지 않는다는 뜻이 되고, 암으로부터 해방되었음을 의미하는 지표로 사용된다. 즉, 매년 암 발생률이 꾸준히 늘고 있음에도 의료 기술의 발달에 힘입어 생존율도 높아지고 있는 것으로 나타나서, '암 정복 시대 도래'에 대한 기대감이 높아지고 있기도 하다.

그럼 암은 어떻게 생길까. 아이에서 어른으로 성장한다는 것은 세포가 커지는 것이 아니라 세포 수가 많아지는 것이다. 이 과정에서 소멸되는 세포가 있고, 생성되는 세포도 있다. 그런데 인체 조절 과정에 문제가 생기면 소멸되어야 하는 세포가 사라지지 않고 계속 존재하는 경우가 발생한다. 또 세포는 계속 생겨나므로 필요하지 않은 세포가 늘어나 덩어리를 이루며 자란다. 이를 종양(tumor)이라고 한다.

종양 중에는 막에 둘러싸여 덩어리를 이루고 있는 '양성종양과 경계가 일정하지 않은 상태로 주변 장기를 침범하거나 혈관과 림프관을 타고 온몸을 떠돌아다니면서 전이하는 성질을 가진 '악성종양으로 나뉜다. 흔히 악성종양을 암(cancer)이라 한다.

경계가 분명한 양성종양은 수술이 용이하지만 온몸을 떠돌아다니는 악성종양은 수술이 어렵다. 즉, 수술 경계가 불분명하다는 것이다. 따라서 암 수술은 양성종양보다 훨씬 포괄적으로 넓은 부위를 제거하는 것을 요한다. 그런데 암 재발이 빈번한 것은 육안으로 식별되지 않는 조그마한 세포가 하나라도 남아 있게 되면, 이것들이 덩어리를 이뤄 계속해서 자라기 때문이다. 전이되어 여러 곳에 퍼져 나간 암세포는 수술이 쉽지 않기 때문에 암 제거에 어려움이 있을 수밖에 없다.

암의 치료법에는 여러 가지가 있다. 현재의 암 치료 방법은 수술, 항암요법, 방사선요법 등이다. 최근에는 면역학과 유전학적 치료법이 소개되고 있기도 하다. 수술은 사람의 몸에 자라난 종양세포 덩어리를 제거하는 방법이지만, 전이된 암세포를 제거하기 어렵다. 항암제는 치료할 수 있는 암의 종류가 제한될 뿐 아니라 부작용이 커서 오래 사용하기가 곤란하고, 시간이 지날수록 치료 효과가 낮아지는 단점이 있다.

자궁암에는 방사선 치료, 유방암에는 호르몬요법 등이 이용되지만 이들 치료법은 특정 암에만 효과가 있을 뿐이며, 이 밖에 면역요법, 온열요법을 비롯한 여러 가지 치료법이 개발되어 있지만, 모든 암 치료에 일반적으로 적용하기에는 어렵다는 단점이 있다. 암이란 몸에서 일어나는 어떤 현상을 가리키는 것이지 특정 질병 한 가지를 가리키는 것이 아니라는 점에서 수많은 종류의 암을 동시에 해결한다는 것은 쉽지 않다.

암 박멸은 요원한 것인가?

　인류는 수많은 질병의 습격을 당하면서 '만병통치약은 없다'는 것을 알게 되었다. 그럼에도 인류는 수많은 다른 질병의 퇴치를 위한 약물을 개발하는 것처럼 암 제거를 위한 항암제를 개발하고 있다. 양성이든 악성이든 종양의 특징은 계속해서 자란다. 인체에 쓸모없는 세포이지만 계속 자라기 위해서는 성장에 필요한 영양분을 공급받아야 한다. 그래야 세포분열에 필요한 DNA, RNA, 단백질을 합성할 수 있기 때문이다. 영양분을 공급받기 위해서는 혈관이 필요하다. 따라서 종양세포의 성장에는 혈관생성이 필요조건으로 작용하게 된다.

　표적 치료제는 종양세포만을 압박해 박멸하는 작용을 한다. 표적 치료제는 두 가지로 나뉜다. 하나는 암을 유발하거나 암의 성장 및 전이와 관련 있는 특정 물질에 대한 항체다. 다른 하나는 암세포 성장을 위한 신호 전달 과정에 작용하는 세포 내 억제제(tyrosine kinase inhibitor)다. 항체 작용의 표적 치료제들은 악성 림프종에 사용되는 맙테라, 유방암의 허셉틴, 대장암·유방암·폐암·신장암 등에 효과가 있는 아바스틴, 그리고 대장암·두경부암에 효과가 있는 얼비툭스 등이 있다. 맙테라는 림프종의 암세포막에 나타나는 특이 항원에 대한 항체로, 기존 항암 약물 치료에 추가되어 악성 림프종의 완치율을 높이고 있다. 유방암 치료제인 허셉틴은 유방암 수술 후 재발률을 감소시키고 있다.

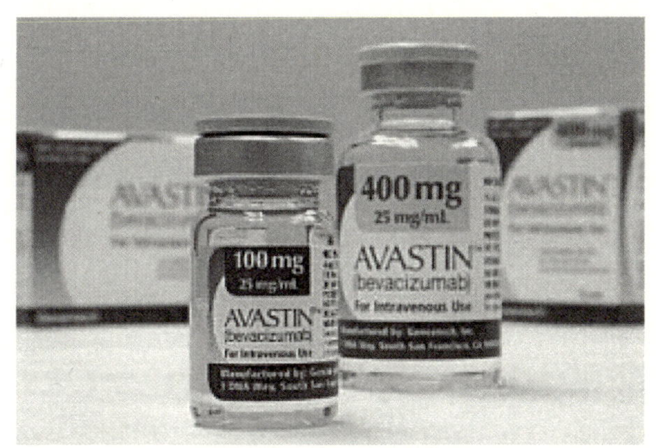

표적 치료제 아바스틴.

　아바스틴은 암이 새로운 혈관 생성을 통해 영양을 공급받아 성장하는 것을 막는 항체로, 신생 혈관 생성을 막아 암을 굶겨 죽인다. 아바스틴은 외국에서 많은 환자를 대상으로 임상시험을 한 결과 기존 항암 약물 치료에 이를 추가할 때 생존기간이 늘어나는 것으로 나타나 대장암 등 여러 암에 효과적으로 사용되고 있다.

　또 유전자 요법을 통한 새로운 암 해결을 위한 연구도 가속화되고 있다. 2006년 미 국립암연구소(NCI) 연구팀은 흑색종 피부암 환자 17명을 대상으로 유전자 요법을 실시한 결과, 2명을 완치시켰다. 미 연구팀은 흑색종 환자 17명을 대상으로 유전적 결함이 있는 면역세포를 떼어 낸 뒤 정상으로 '교정'된 세포를 이식하는 치료를 진행했다. 이 환자들은 면역세포인 T세포를 갖고 있지만 면역세포 기능을 활성화시키는 T세포 수용체가 없어 종양이 생긴 말기 암 환자들이었다. 연구팀은 이들에게서 T세포를 떼어 낸 뒤 T세포 수용체와 유전적으로 접합시켜 다시 환자에 이식했다.

임상시험에서는 이 유전자 요법의 부작용이 발생하지 않았다. 하지만 전문가들은 유전자 요법의 부작용은 수년 후에 나타날 수 있고, T세포 수용체가 환자의 면역 체계에 이상을 일으켜 건강한 조직 세포를 공격할 수도 있다는 점에서 우려를 제기하기도 한다. 또 17명의 치료 대상자 중 2명만이 효과를 봤다는 점에서 낮은 치료율도 앞으로 풀어야 할 숙제로 남아 있다.

하지만 이처럼 암 박멸을 위한 치료법이 급속도로 발전되고 있음에도 암 사망률이 증가하고 있다는 것은 시사하는 바가 크다고 할 수 있다. 암 문제 해결을 위한 연구가 계속되고 있지만, 생각지도 못한 변수가 등장하는 상황이 좀처럼 변하지 않고 있다. 인류의 수명 증가와 생활환경의 변화 등이 계속해서 난치 암의 발생을 증가시키는 방향으로 나아가고 있기 때문이다.

이에 대해 암 문제 해결을 위해서는 앞으로는 생태학(ecology) 개념으로 암 치료에 접근해야 한다는 주장도 제기된다. 치료나 암 박멸을 목표로 암 문제에 접근하면 결국 암을 이기지 못한다는 것이다. 우리가 균을 정복했다고 큰소리치지만, 사실은 그렇지 못한 것과 마찬가지다. 따라서 인류는 암이 앞으로도 계속될 것이므로 박멸보다는 꾸준한 치료와 관리를 할 수 있는 방법을 찾아야 한다.

이에 대한 최선의 방법은 암에 영양을 공급하는 신생 혈관

을 차단함으로써 암이 자라지 못하게 해서 우리 몸에 어떤 영
향도 미치지 못하게 하는 치료법을 개발하는 것이다.

한편 암 백신을 이용한 새로운 암 문제 해결 방법이 연구되
고 있다. 암 백신은 사람의 면역 체계가 암세포를 인식하고,
파괴하도록 하는 과정을 자극해 암에 대한 면역반응이 잘 일
어나도록 하는 것이다. 암 백신은 '치료를 목적'으로 사용된다
는 점에서 '예방을 목적'으로 하는 전염병 백신과 구별된다.
예를 들어 간암을 일으키는 B형 간염 바이러스(hepatitis B virus)
나 자궁경부암의 원인이 되는 HPV(human papilloma virus, 인체 유
두종 바이러스) 백신은 치료용이 아닌 예방용 백신인 것이다.

암 백신에 관심을 가지고 있는 의학 연구자들은 암세포의
근원이 우리 몸에 존재하는 세포인 만큼 인체의 면역 체계는
암세포가 항상 적이라 생각하고 행동하는 것은 아니고, 때로
는 우리 몸의 일부라 생각하고 반응하고 있다는 점에 착안해
백신 개발에 매달리고 있다. 아직은 암 백신 개발이 초기이지
만 향후 상용화되는 시기를 기대해 본다. 따라서 악성종양인
암과 공존하는 형태의 획기적 개념의 치료제 개발이 이뤄진다
면, 인류에게 있어 암 정복은 결코 꿈이 아닌 현실이 되는 시
기가 도래하게 될 것이다.

불치병 치매, 정복될 것인가?

제2차 세계 대전이 끝나 가던 1945년 2월 4일부터 2월 11일까지 얄타회담이 열렸다. 이 기간 동안 미국 대통령 프랭클린 루스벨트, 영국 수상 윈스턴 처칠, 그리고 소련 국가원수 스탈린이 한자리에 모였다. 이들 세 사람은 당시 소련 크리미아 지방의 소도시였던, 현재 우크라이나의 얄타에 모여 종전 후 세계에서의 자신들의 지도자 역할에 대해 합의했다.

이후 우리나라와 베트남, 헝가리, 체코슬로바키아, 폴란드는 이 회담의 영향으로 많은 정치적 갈등을 겪고, 우리나라는 분단으로까지 이어져 우리나라 사람들에게는 매우 안타까운 회담이 되고 말았다. 그런데 당시 정상회담을 벌였던 세 사람 모두는 매우 심한 뇌혈관장애를 겪고 있었다.

이런 병의 결과가 얄타에서의 결정에 어떠한 영향을 끼쳤는지 확인할 방법은 없지만 여러 가지 사실을 고려해 볼 때, 이 회담에서 그들이 평소 능력을 전혀 보여 주지 못했을 것이란 상황은 짐작할 수 있다. 이 사실은 뇌혈관장애, 치매 등과 같이 노인들에게 주로 나타나는 질환이 세계의 정치와 역사에 생각지도 못했던 영향을 미칠 수 있다는 것을 보여 주고 있다. 좀 더 포괄적인 의미에서는 행동과 인격의 변화를 초래하기도 하며, 정서적 기능 상실과 지적 기능의 황폐화가 계속 진행되어 사회적 혹은 직업적 기능의 장애를 초래한다.

치매는 세계적으로 현재 최소 1,200만여 명이 고통 받고 있는 질환이다. 세계보건기구는 2050년경 치매로 고통 받을 사람의 숫자가 지금보다 무려 3배에 가까운 3,600만 명에 이를 것이라고 경고하고 있다. 한국의 경우에는 40만 명이 훨씬 넘는 치매 환자가 있는 것으로 추산되고 있다.

세부적 발병률을 살펴보면 65세 이상 노인 중의 11.3퍼센트가 치매 증상을 나타내고 있는데, 성비를 보면 남자는 7.2퍼센트, 여자는 15.4퍼센트로 여자에게서 많이 나타난다. 우리나라는 최근 급속한 고령화로 2010년에는 46만 1,000명, 2020년에는 69만 3,000명으로 급증할 것이란 분석도 나오고 있다. 특히 치매 환자가 늘어가는 만큼 국내 치료제 시장도 약 1,300억 원 규모를 넘어 더욱 팽창되고 있다.

2008년 우리나라도 치매와의 전쟁을 선포한 상태다. 정부는 치매 조기 검진율을 2007년의 3.7퍼센트에서 2012년까지

60퍼센트로 대폭 높이고, 치매 의료관리 비율도 34퍼센트에서 70퍼센트까지 2배로 높이는 등 치매의 조기 발견과 예방, 치료를 강화하는 내용을 담고 있는 치매 종합 대책을 발표했다.

정부는 우선 치매 조기발견과 예방을 강화하기 위해 치매 조기검진사업에 2010년까지 전국 모든 보건소가 참여하도록 확대했다.(현재 118개 보건소에서 참여) 또 60세 이상의 건강검진 항목에 치매 검사 항목 추가와 66세에 실시하는 생애 주기별 건강검진을 치매 예방이 가능한 60세에도 추가 실시, 치매의 조기 발견에 애 쓰고 있다.

또 정부는 뇌혈관성 치매의 주요 원인인 고혈압, 당뇨 등 만성질환과 심·뇌혈관성 질환 관리 등 건강증진 사업과의 연계를 통해 치매 발생 위험요인을 관리하는 예방 정책을 강화했다. 또 건강한 일반인을 대상으로 인지 건강 프로그램을 개발·보급하는 등 다양한 치매 예방 대책을 추진했다. 조기 발견한 치매 환자를 종합적·체계적으로 치료·관리하기 위해 '국가치매등록관리DB'를 구축하고, 필요한 치료·교육·상담 등을 체계적으로 지원했다.

또한 약값이 부담되어 적절한 치료를 받지 못하는 저소득층의 치매 환자에 대해 약제비 등을 지원하는 바우처 제도 도입을 추진하고, 치매 환자의 치료 및 중증화 지연을 위해 치매 병원이나 요양시설을 전문화·특성화된 치매시설로 개발·지원하기로 했다.

그렇다면 치매란 질병의 정체는 무엇인가? 치매는 정신지

체와 마찬가지로 지능의 장애
다. 정신지체가 주로 지능의 발
육이 늦거나 정지된 것을 의미
하는 반면 치매는 이전에는 정
상적이던 지능이 대뇌의 질환
때문에 저하된 것을 말한다.

알츠하이머병은 독일인 의사

알로이스 알츠하이머 박사.

알로이스 알츠하이머(Alois Alzheimer)의 이름을 따서 붙인 병명
이다. 1906년 알츠히이머 박사는 당시로는 매우 희귀한 뇌신
경질환으로 생각되는 병을 앓다가 사망한 여자 뇌조직의 병리
학적 변화를 관찰해 이 병에 특징적인 병리 소견들을 발표했
다. 이 병에 대해 아직 확실한 원인은 못 찾았으며 전체 치매
환자의 50퍼센트를 차지한다. 유전적 요인, 신경전달물질 이
상설, 뇌 위축 등 신경해부학적 소견, 면역기능장애설, 알루미
늄 중독설 등이 원인으로 논의되고 있다.

혈관성 치매(vascular dementia)는 치매의 원인들 중에서 두 번
째로 흔하다. 이 병은 뇌동맥경화증 및 기타 뇌혈관장애(혈전에
의한 뇌혈관 폐쇄 등)가 원인이 되는 치매인데 그중 다발성 경색
치매가 대표적이다.

파킨슨병(Parkinson's disease)은 1817년에 영국의 병리학자 파
킨슨이 최초로 보고한 질병으로, 중추신경계가 퇴행되면서 사
지와 몸이 떨리고 경직되는 증상이 나타나는 질병이다. 질병
이 진행될수록 머리를 조금씩 앞으로 내밀게 되고, 몸통과 무

륜이 굽어 있는 자세를 취하게 된다. 손이 떨리고 보폭이 좁아져 다리 간격을 길게 하지 못하고 작은 보폭으로 걸어가는 모습이 아주 특징적이다. 독특한 보행을 보이며 얼굴이 가면 같은 표정으로 바뀐다. 연령이 높을수록 발생 빈도가 높고, 뇌의 시신경교차 부위의 절단면에서 전반적으로 세포가 오밀조밀하지 못하고 위축된 모습을 하고 있으며, 뇌의 흑색질 부위에 색소가 소실된 것을 볼 수 있다. 흑색질에서 대뇌 기저핵의 기능을 조절하기 위해 분비되는 신경전달물질인 도파민 감소로 인해 이 질병이 발생한다.

파킨슨병은 아주 오래 전에는 비교적 희귀질환에 속했으나 현재는 미국에서만 100만 명이 넘는 환자가 있을 것으로 추정되며, 매년 새로운 환자가 6만 명씩 발생한다는 보고도 있을 정도로 발병률이 증가하고 있는 질병이다. 치료방법으로는 부족한 도파민을 투여하는 것을 생각해 볼 수 있으나 도파민은 대뇌로 제대로 전달되지 못하므로 전구체를 투여해 대뇌에서 도파민으로 대사되도록 하는 방법을 사용한다. 하지만 기대만큼 좋은 결과를 얻지 못해 난치병 중 하나로 취급되고 있다.

알츠하이머병 환자의 일부는 병이 진행되면서 파킨슨병의 증상을 보일 수도 있다. 이 밖에 치매의 위험요인으로는 여성(남성보다 발병률이 높음), 가족 중 치매 환자가 있거나 다운증후군 환자가 있을 때, 뇌 손상, 환경 또는 직업적 위험요인, 전기경련 치료, 알코올 남용, 오랜 기간 신체적 활동이 없을 때, 기타 내과적 질환이 있을 때 등이 있다.

한편 유전자 치료법에 의해 파킨슨병을 치료할 수 있을 것이라는 연구 결과가 공표되어 주목을 모으고 있다. 약 10년 전에 뇌에서 도파민을 생성하는 세포가 죽는 현상을 정지시키거나 느리게 할 수 있는 단백질이 발견된 적이 있는데, 그중 하나인 GDNF(glia-derived neurotrophic factor)를 임상적으로 치료에 이용하기 위한 연구를 진행해 온 바 있다. 이미 임상시험 단계에 들어간 이 방법은 새로운 치료법 개발에 대한 기대를 걸게 했으나 지금까지는 기대에 미치지 못하는 결과만을 얻었을 뿐이다. 그런데 최근에 파킨슨병과 관련 있는 싱장인자를 만들어 낼 수 있는 유전자를 이용해 치료할 수 있다는 연구 결과가 제시된 것이다.

2007년 필립 스타 박사는 미국 신경외과 학회에서 AAV(adeno-associated virus)를 이용해 표적이 되는 성장인자를 만들어 낼 수 있는 유전자를 손상된 대뇌세포에 전달하게 함으로써 파킨슨병을 치료할 수 있는 가능성을 찾았다고 발표했다. 이들이 사용한 뉴투린(neurturin)이라는 유전자는 GDNF와 아주 밀접한 관련이 있는 유전자로 머리뼈에 작은 구멍을 뚫은 후 바늘을 이용해 AAV에 클로닝(cloning)한 유전자를 직접 주사하는 방법을 활용했다.

의학에서 널리 이용되고 있는 치료법으로는 약물, 수술, 방사선 치료, 호르몬요법 등이 있으며 20세기 후반부터 유전자 치료법을 비롯한 새로운 치료법이 속속 개발되고 있으나 뚜렷한 족적을 남긴 신개념의 치료법이 아직 등장하지 않고 있는 시점에서 파킨슨병 환자들에게 한 가닥 희망을 가질 만한 새로운 연구 결과를 얻었다는 소식은 큰 희망이 될 것이다.

유전자 치료법은 1990년에 중증복합형 면역부전증(severe combined immune deficiency)에 걸린 1세 어린이에게 최초로 시도된 바 있다. 당시만 해도 이것이 첫 시도이니만큼 미국 보건 당국의 수많은 검정작업을 거쳐서 이 어린이가 최초의 유전자 치료 대상자로 선정되었다. 보통 2년을 넘기지 못하고 사망하는 것이 이 질병에 걸린 환자들에게는 당연한 일이었지만 10년 이상 비교적 건강하게 생존함으로써 미래에 유전자 치료법이 보편화될 수 있을 것이라는 가능성을 보여 주기도 했다.

그러나 1990년대 중반부터 수많은 유전자 치료법이 실제로 환자에 적용되었음에도 불구하고 이렇다 할 성과는 아직 나오지 않고 있다. 하지만 시행착오를 통해 새로운 학문적 지식을 쌓아가면서 최근에는 가능성 있는 연구 결과가 계속해서 발표되고 있다. 머지않은 장래에 유전자 치료법이 유전적인 장애를 가진 환자들에게 새로운 치료법으로 널리 이용될 수 있을 것이라는 희망을 가지게 한다.

향후 20~30년 후에도 인류를 괴롭힐 것으로 예측되는 치매에 대해 인류는 속수무책으로 당할 것인가? 이에 대답은 '아니요'다. 최근 불치의 병으로 알려진 치매 원인 규명이 서서히 이뤄지고 있고 있기 때문이다. 특히 세계적으로 공동연구가 진행되고 있는 게놈(인간유전체) 연구는 인간의 유전자 지도를 상세하게 그려 내면서 치매 치료의 가능성을 서서히 열어 놓고 있다.

미국 국립보건원(NIH)의 경우 전체 예산의 73.8퍼센트를 치매 증상 연구에 투입하고 있는데 기초의학, 임상연구, 전 국민을 대상으로 한 임상시험과 역학연구가 시작된 지 이미 10년이 넘었다. 알츠하이머병은 뇌세포를 파괴하는 아밀로이드 베타라는 단백질이 뇌 속에 쌓이면서 발병한다. 연구팀에 따르면 알츠하이머병의 진행을 막도록 아밀로이드 베타 단백질의 생성을 차단하는 억제물질을 개발했다.

연구팀은 기존 치료제가 병의 원인을 고치지 못하고 단순히 병의 진행 속도를 늦추는 수준이었던 데 비해 이 물질은 알츠하이머병을 일으키는 근본물질을 억제한다고 보고했다. 하지만 이 치료법은 시험관에서 배양한 뇌세포에 실험한 단계로 상용화되려면 5년에서 10년 가까이 동물실험과 임상시험을 거쳐야 하는 난관이 있다.

또 최근 노인성 치매(알츠하이머병)와 녹내장을 일으키는 단백질이 동일하다는 연구 결과가 나오기도 했다. 영국 런던 대학(UCL)의 한 연구팀은 미국 「국립과학원회보(PNAS)」 최신호에 발표한 연구보고서에서 치매 환자의 뇌 조직을 손상시키는 단백질 베타-아밀로이드가 녹내장 환자에게서 나타나는 망막 신경세포 손상도 유발한다는 사실이 밝혀졌다고 발표했다.

연구팀에 따르면 녹내장 환자의 죽어 가는 망막신경세포 속에 베타-아밀로이드 단백질이 축적되어 있다는 사실을 발견하고 시험관에서 망막신경세포를 베타-아밀로이드에 노출시킨 결과 신경세포가 죽었다. 과학자들은 이 연구 결과가 치매와 녹내장의 새로운 치료법과 치매 진단법을 개발하는 데 도움이 될 것으로 보고 있다.

알츠하이머병 치료제 상용화 움직임도 감지된다. 미국 식품의약국(FDA)은 노바티스 제약회사가 개발한 피부에 붙이는 알츠하이머병(노인성 치매) 치료제 엑셀론 패치(Exelon patch)를 승인했다. 엑셀론 패치는 알약 형태로 판매되고 있는 경구용 엑셀론을 패치 형태로 만든 것이다. 증세가 가볍거나 보통 정도인 치매 환자용으로 등, 가슴 또는 팔 윗부분에 붙이게 된다. 패치형은 약 성분이 혈액 속으로 직접 투여되기 때문에 24시간 약효가 지속되고 또 경구용 약의 부작용인 위장장애를 막을 수 있다. 화학명이 리바스티그민(rivastigmine)인 엑셀론은 기억과 학습에 중요한 역할을 하는 것으로 알려진 뇌의 신경전달물질 아세틸콜린의 분해를 억제하는 작용을 한다.

2020년 미래 질병 1위, 우울증

세계보건기구는 오는 2020년경 '우울증'이 모든 연령에서 나타나는 질환 중 1위를 차지할 것으로 예측하고 있다. 예측대로 우울증이 2020년 '미래 질병 1위'로 등극한다면 암과 같은 육체적 질병으로 인한 사망보다 우울증에 의한 사망이 더 높아질 수 있다는 점을 배제할 수 없다. 우울증의 최종 결과물은 자살로 표출되고 있는 만큼 우울증은 심각한 질병인 것이다. 또 우울증이 심장동맥질환을 일으키는 요인이면서 뼈를 약하게 해 골절 위험을 높일 수 있다는 연구 결과도 나오면서 인류에게 우울증의 심각성은 더욱 강하게 다가오고 있다.

최근에는 항우울제와 인지행동 치료의 분투에도 불구하고, 우울증 발병률은 전 세계적으로 꾸준히 증가하고 있다. 최근 한국인의 「질병 부담 보고서」에서도 20대 한국인의 건강을 위협하는 대표 질병 1순위가 우울증으로 나타났다. 또 한국 대학생의 12퍼센트가 우울증 증세를 보인다는 조사 결과가 나오기도 했다.

우울증은 누구나 한 번쯤 앓아 봤고, 누구에게나 찾아올 수 있다고 해서 '마음의 감기'로도 불린다. 윈스턴 처칠, 에이브러햄 링컨, 시어도어 루스벨트 같은 위인들 모두 우울증 환자였다. 임상적인 우울증은 심각하고도 흔한 기분 장애로 심신을 동시에 악화시키는 광범위한 질환으로 시간이 지나도 사라지지 않는다.

우울증의 첫 발병 평균연령은 20대 후반이다. 여성이 남성보다 2배가량 많으나, 50세를 넘으면 비슷해지고 노인이 되면 함께 늘어난다. 우울증은 숨겨야 할 병이 아니다. 고혈압이나 당뇨처럼 의지를 갖고 꾸준히 대처해야 할 지속적 증상이다.

현대사회는 우울증을 만들어 내는 공장이다. 우울증을 일으키는 주된 심리적 원인은 상실과 스트레스다. 잘사는 나라일수록 어린 시절부터 가족과 학교, 사회로부터 엄청난 압박을 받는다. 그 결과 많은 젊은이가 학업, 외모, 재산, 지위 등 여러 면에서 비현실적이라고 할 정도로 높은 기대치를 갖게 된다. 그 기대와 현실 간의 거리가 상실감의 원천이다. 상실감은 일상생활에서 안개처럼 스며들어 마음 구석구석을 갉아먹다가 적당한 계기를 만나면 절망으로 치닫는다. 우울증은 치료받지 않으면 몇 개월에서 몇 년 동안 지속될 수 있으며 관계의 와해나 직업적인 생산성의 상실, 무능이나 죽음에 이를 수도 있다. 특히 전 인구의 약 15퍼센트가 한 번 이상 경험할 정도로 흔한 질병이다. 하지만 우울증 환자의 종착역은 자살이다. 환자의 10퍼센트가 자살로 생을 마감하는 심각한 질병인 것이다.

정신과를 찾는 사람 중 4명 중 1명은 우울증 때문이고, 최근 4년 사이에 47.7퍼센트나 증가한 것으로 조사되고 있다. 특히 우울증은 연령대별 분포에서 20대(8.6퍼센트), 30대(12.5퍼센트)를 기쳐 급격히 증가해 40대(20.4퍼센트)에 가장 많았고, 50대(18.2퍼센트), 60대(17.4퍼센트)에 다소 감소했다가 70대 이상(20.1퍼센트)에서 다시 증가하는 경향을 보였다.

한림대성심병원 정신과 전덕인 교수팀에 의하면 2003년 1월부터 2007년 12월까지 5년 동안 한림대 의료원 산하 5개 병원(한림대성심·강동성심·한강성심·강남성심·춘천성심) 정신과 외래 및 입원 환자 62,232명을 분석한 결과, 우울증이 14,536명(23.4퍼센트)을 차지했으며, 매년 증가해 지난해(3,369명)에는 2003년(2,281명) 대비 47.7퍼센트 증가한 것으로 나타났다.

우울증의 심각성을 가장 확실하게 알 수 있게 해 주는 지표는 우울증과 자살의 상관관계이다. 우울증 환자의 15퍼센트는 자살을 시도하고, 자살자의 80퍼센트가 우울증을 앓은 것으로 추산된다. 통계청이 발표한 2007년 사망 원인에서 자살은 4위로 나타났다. 지난해에만 13,000명이 넘는 사람이 스스로 목숨을 끊었다. 10년 전에 비해 4배가 늘었다. 교통사고 사망자보다 많은 수치다. 한국의 자살률은 경제협력개발기구(OECD) 국가 중 1위에 이를 정도다. 불명예스러운 타이틀이다.

우울증은 단일 질병이 아니라 여러 질병이나 상태에서 나타날 수 있는 현상이다. 대표적인 것이 주요 우울증(흔히 '우울증'이라고 부름)이지만, 신체 질병이나 뇌의 손상에서 비롯된 기질성 우울증, 스트레스 때문에 우울 증상이 일시적으로 나타나는 적응 장애, 그리고 양극성 장애('조울증'이라고 알려짐)에서의 우울증도 있다.

우울증에는 불면증과 식욕부진이 병행해서 나타난다. 또 정신집중이 되지 않고 건망증도 심해진다. 소화불량, 초조, 가슴 답답함, 두통 등의 다양한 신체 증상도 자주 나타나지만, 검진을 해 봐도 아무런 신체적 이상이 없다고 답답해한다.

우울증의 치료

우울증은 정신 치료와 약물 치료를 함께 하는 통합 치료 계획을 짜야 한다. 이때 광선 치료, 인지·행동 치료, 자기장 치료 등을 병행하기도 한다. 약물을 사용하지 않고 정신치료 또는 인지·행동 치료만을 시행하는 경우도 있다.

정신 치료는 우울증의 기저에 있는 갈등과 죄책감, 상실감을 다룬다. 슬픔과 분노가 적절히 외부로 표현되도록 돕고 치료자와의 관계를 통해서 인정받고 용납되는 새로운 경험을 하게 돕는다. 대인관계 양상을 분석해 우울 증상을 악화시키는 것을 교정하고 가족과 함께 진행하기도 한다.

인지·행동 치료는 우울증에서 생기는 인지적 왜곡을 찾아서 교정한다. 우울증 환자는 대체로 자신과 미래, 주변 세상에 대해서 비관적인 생각을 갖는데 이 생각의 저변에는 합리적이지 못한 생각의 틀(인지왜곡)이 있다. 자신도 의식하지 못하고 있는 왜곡된 사고의 틀을 밝히고 합리적이고 생산적인 사고방식으로 바꾸는 작업을 계속한다. 자신이 평생 믿어 온 사실이 합리적 근거가 없는 생각이었음을 아는 것은 변화를 위한 신선한 계기가 될 수 있다.

약물 치료는 항우울제 치료만으로 70퍼센트 이상에서 효과를 볼 수 있다. 우울증은 증상이 좋아진 뒤에도 재발 가능성이 있으므로 최소 6개월간은 꾸준히 복용하는 것이 좋다. 최근에는 부작용을 최소화하고 우울 증상, 감정조절에 선택적인 효과가 있는 약물들이 개발되어 과거보다 약물을 복용하는 것이 더 쉬워졌다. 우울증 치료 약물로는 프로작, 세로자트, 콘서타, 스트라테라 등이 있다. 항우울제의 대표적 약물은 프로작(Prozac)이다. 프로작은 1988년 개발된 후 지금까지 전 세계 5,000만 명 이상에게 처방되었다. 항우울제의 개발은 한계가 불분명한 데다 오랜 시간이 걸리는 정신과 치료를 개선하고픈 노력에서 비롯되었다. 의학자들은 우울증 약 개발에 있어 인간이 우울증에 빠지면 뇌 속의 신경전달물질에 변화가 생긴다는 점에 착안했다. 세로토닌, 노르에피네프린 등 신경전달물질이 제대로 작용하지 못하면 우울증이 생긴다는 것을 발견한

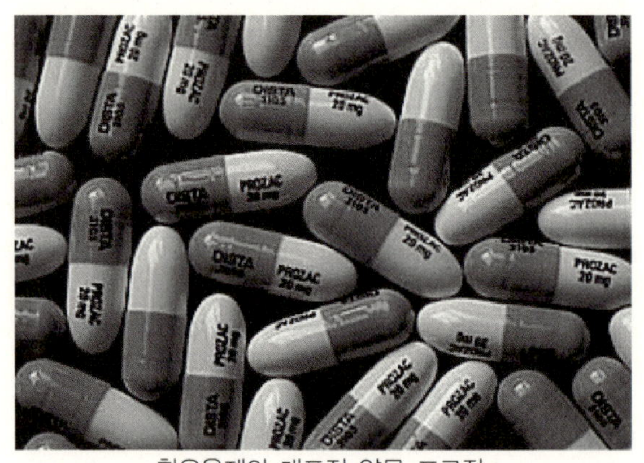
항우울제의 대표적 약물 프로작.

것이다. 앞으로 약물을 이용해 세로토닌, 노르에피네프린 등 신경전달물질의 변화를 원래 상태로 되돌리거나 증가시켜 우울증을 완전히 제거할 수 있는 항우울증제가 개발된다면 그야말로 인류에게 최고의 '해피 드러그(happy drug)'가 될 것이다.

광선 치료는 우울증 환자에게 매일 일정량의 밝은 빛을 쪼이는 것으로 계절에 따라 생기는 '계절성 우울증' 환자에 쓰는 치료법이다. 자기장 치료는 망상의 증세를 보이거나 자살을 시도하는 등의 심한 우울증 환자에게 쓰이는 특수 치료법이다. 자기장 치료를 받고 나면 몇 초간 몸에 경련이 일어난 뒤 뇌가 활성화되는데, 이 치료를 3~5번 정도 받고 나면 눈에 띄게 우울증이 호전된다.

우울증은 신체결함에 의한 질병이기보다는 정신적 측면에서 유발되는 특성을 감안한다면 예방의 중요성을 아무리 강조해도 지나치지 않다. 우울증 예방을 위한 '십계명'을 항상 마음속에 간직해 생활해 보자. 우울증이란 병이 자신의 근처에

어디에도 존재하지 않을 것이다.

우울증 예방을 위한 십계명

첫째, 작은 일에 지나치게 얽매이지 않는다.
둘째, 스트레스의 원인을 파악한다.
셋째, 스트레스를 받을 때 자신의 반응을 분석한다.
넷째, 회피하기보다는 해결하고자 한다.
다섯째, 과거에 지나치게 집착하지 않는다.
여섯째, 생활환경에 변화를 준다.
일곱째, 자신감을 갖고 긍정적으로 생각한다.
여덟째, 선택과 포기를 분명히 한다.
아홉째, 항상 대화하는 생활습관을 가진다.
열째, 자신을 구속하고 있는 자기만의 규칙에서 벗어난다.

결코 어렵지 않는 생활 수칙이다. 이 수칙을 잘 지켜서 미래 질병 '우울증 바이러스'에서 많은 사람들이 벗어나기를 기대해 본다.

혈우병, 해결될 것인가?

혈우병(hemophilia)이라는 용어는 피(hemo)를 사랑한다(philia)는 뜻의 그리스어로 1823년 스위스의 의사 호프(Hopff)에 의해 처음 사용되었다. 혈우병에 대한 자세한 연구는 1803년 미국의 의사 오토(J.C. Otto)가 특정 가족을 대상으로 조사하면서 처음 시작되었다. 이를 통해서 혈우병의 증상과 유전된다는 사실이 밝혀졌다.

혈우병은 이미 유대 전래서인 『탈무드』에도 언급된 오래된 희귀질환이다. 기원후 2세기경 랍비들은 할례의식(포경수술)에서 어떤 남자 아기들이 출혈이 심하다는 사실을 발견했다. 그들은 종교의식이라고 할 수 있는 할례에 대해 한집안에서 두 명의 남자 아기가 과다 출혈의 병력이 있다면 세 번째 남자

아기는 할례를 하지 않아도 된다는 규정을 마련했다.

이후 12세기경 유다 랍비 규정은 더욱 강화되어 첫째와 둘째 아들이 할례로 인해 죽었다면 그는 같은 여자에게서 낳았건 다른 여자에게서 낳았던 간에 셋째 아기를 할례를 시키면 안 된다고 세분화시켰다. 또 만약 여자가 아들을 할례를 시켰는데 그 결과로 아이가 죽었고, 그녀의 여자 형제 또한 아들을 할례로 죽게 만들었다면 다른 여자 형제는 기다려서 그 아들들이 자라나서 힘을 가지게 될 때까지 할례를 받게 해서는 안 된다고 규정했다. 유디 랍비들은 남아가 과다 출혈하는 병이 어머니를 통해 전해진다는 사실을 발견하고 그녀가 재혼했을 경우도 새로 출생한 남아의 포경수술을 면제해 줬다.

왕가의 병, 혈우병

혈우병은 역사상 최고의 베스트셀러로 평가되는 『성경』 속에서도 언급될 정도로 불치병의 전형이다.

"열두 해를 혈루증으로 앓는 여자가 예수의 뒤로 와서 그 겉옷 가를 만지니 이는 제 마음에 그 겉옷만 만져도 구원을 받겠다 함이라. 예수께서 돌이켜 그를 보시며 가라사대 딸아 안심하라 네 믿음이 너를 구원하였다 하시니 여자가 그 시로 구원을 받으니라."

— 「마태복음」 9장 20~22절

혈우병 보인자 빅토리아 여왕.

혈우병이 세계사에 각인된 것은 대영제국을 이끌었던 빅토리아 여왕이 혈우병 보인자였기 때문이다. 그래서 혈우병은 '왕가의 병'으로도 불린다. 빅토리아 여왕의 자손들은 당시 유럽 왕가의 풍속대로 다른 나라의 왕가와 서로 결혼하면서 혈우병은 유럽의 여러 왕가로 퍼지게 되었다. 빅토리아 여왕의 자손 중에는 1명의 아들과 3명의 손자가 혈우병을 가지고 있었던 것으로 알려진다. 빅토리아 여왕의 자손 중에서 손녀 알렉산드라는 러시아 로마노프 왕가의 황제 니콜라스 2세와 결혼해 혈우병 환자인 외동아들을 낳았고, 스페인의 부르봉 왕가로 시집간 또 다른 손녀 빅토리아 유제니 역시 부르봉 왕가에 혈우병을 가진 아들이 태어나게 했다. 즉, 빅토리아 여왕의 손녀들은 하나의 X염색체에 혈우병 유전자를 가지고 있었다. 이 여인들은 다른 하나의 X염색체에 혈우병 유전자가 없어서 혈우병이 나타나지 않았지만, 자손에게 혈우병 유전자를 물려줄 수 있었다. 두 X염색체에 모두 유전자가 있는 경우에는 모체 내에서 죽기 때문에 여자 혈우병 환자는 없다고 알려져 있다.

빅토리아 여왕의 손녀였던 알렉산드라 공주 역시 혈우병 보인자로 추정된다. 그녀는 러시아의 니콜라스 2세 황제와 결혼했고, 그녀에게 내재해 있던 혈우병 유전자는 러시아의 왕위 계승자 알렉세이 황태자에게 전달되었다. 알렉산드라는 러시아 왕비이기 이전에 한 아들의 어머니였다. 혈우병을 앓고 있던 황태자에 대한 그녀의 각별한 모성애는 러시아 로마노프 왕가를 몰락시키는 원인으로 작용되었다. 당시 의학계는 혈우병의 치료에 있어 속수무책이었지만 라스푸틴이라는 사제가 그녀의 아들인 황태자 알렉세이를 치료하겠다며 사기행각을 벌였다. 라스푸틴이 시술을 거행할 때면 공교롭게도 알렉시스는 평안함을 보였다. 실제로 라스푸틴이 한 것이라고는 지혈 정도였다. 여하튼 라스푸틴은 황태자 알렉시스의 병을 치료했거나 치료할 수 있는 최고의 명의(?)로 어느새 자리매김했다. 어느 누구도 라스푸틴을 거역할 수 없었다. 라스푸틴은 알렉시스의 목숨을 담보로 알렉산드라 왕비와 황제이기에 앞서 한 여자의 남편이며, 한 아들의 아버지였던 니콜라스 황제를 마음대로 조종하며 각종 부패를 저질렀다.

결과적으로 러시아 정국은 부정부패가 극에 달하게 되었다. 이것이 1917년 러시아 혁명의 원인으로 작용되어 러시아 로마노프 왕조가 막을 내리게 되었다. 혈우병 때문에 니콜라스 2세는 비운의 러시아 마지막 황제가 되었던 것이다.

혈우병은 선천성, 유전성으로 혈액응고인자의 결핍으로 인해 발생되는 질환이다. 또 혈우병 환자들은 선천적으로 출혈하기 쉬운 체질로 경미한 외상에도 쉽게 출혈한다. 이럴 경우 지혈이 잘 되지 않아 심지어 사망에 이르는 경우도 많다. 유전형식은 혈우병 가족에 속하는 여자에 의해 그 유전자가 자녀에게 전해진다. 예를 들면 보인자인 어머니로부터 아들에게 유전된다. 이 질환이 나타나는 것은 거의 대부분 남자아이이고 여자아이에게는 드물게 나타나는 것도 이 같은 이유 때문이다.

혈우병의 원인은 대부분(75~80퍼센트) 제8응고인자의 결핍(A형 혈우병) 때문이고 나머지는 제9응고인자의 결핍(B형 혈우병) 때문이다. 증상은 전신적인 출혈 경향을 일으키며 출생 직후부터 나타나는데, 신생아의 배꼽이나 포경수술 부위에서 출혈이 계속되거나 치아가 처음 나올 때 출혈을 잘 일으킨다.

혈우병은 대개 생후 9개월부터 아기가 혼자 걷기 시작할 때, 걷다가 넘어지면서 우연히 무릎 관절 내에 출혈이 잘 일어나 발견되는 경우가 많다. 혈우병은 혈액응고인자가 부족해서 발생하는 병이기 때문에 이 혈액응고인자를 농축해서 환자에게 투여하면 혈우병을 치료할 수 있다. 최근에는 단일클론항체 기술이라는 유전공학을 이용한 혈액응고인자 농축제 생산 방법이 개발되어 혈우병 치료에 가속도가 붙고 있다.

여성은 NO, 남성만의 저주

상처 등으로 일단 출혈이 시작되면 아예 지혈이 안 되거나 만약 지혈이 되더라도 몸이 매우 망가지는 희귀질환 혈우병. 이 혈우병은 오로지 남자에게만 생길 뿐 여성은 발병 유전자를 가졌어도 병증이 거의 발현되지 않는 '남자만의 질병'이다.

인체는 피가 혈관 밖으로 흐를 때면 이를 멈추게 하는 지혈 메커니즘을 작동시킨다. 인체에는 지혈 메커니즘에서 작용하는 단백질 성분인 혈액응고인자가 13가지 정도 있다. 지혈 메커니즘 과정에서 제8응고인자가 부족해 지혈이 되지 않는 경우를 혈우병A이라고 하고, 제9응고인자가 부족해 지혈에 문제가 생기는 경우를 혈우병B(크리스마스병)라고 한다. 혈우병은 아직도 완치 개념으로는 설명하기 어려운 질환이다. 하지만 적절하게 응고인자를 투여하면 얼마든지 정상적인 생활은 가능한 상황이다.

완치가 어렵다는 얘기는 결과적으로 환자들에게 공포감으로 다가왔다. 이러한 공포감에 기인해 혈우병은 불량 상식을 양산하기도 했다. 평상시 생활을 하다가 갑자기 코피가 나도 치명적일 것이라는 등의 생각들이 그것이다. 혈우병 환자의 출혈이 가장 잦은 부위는 무릎, 발목, 팔꿈치 등인데, 이 부위들의 출혈은 중증의 환자들이라도 지혈로 해결이 가능하다. 하지만 내부 출혈이라면 상황이 달라진다. 뇌나 장기, 인후부의 출혈은 사망으로 연결되기 쉽고, 골반과 대퇴부를 잇는 장요근 출혈은 하지마비로 이어지기 쉬워 각별한 주의가 필요하기 때문이다.

과학과 의학의 빠른 발전 속도에도 혈우병 정복은 여전히 요원할 것인가? 앞으로 30년, 40년이 지난 후에도 질병 리스트에 혈우병이 여전히 남아 있다면 '질병의 사각지대'에서 인류는 완벽한 자유인이라고 볼 수 없을 것이다. 그런데 혈우병 같은 희귀질환을 정복할 수 있다는 인류의 숙원이 이뤄질 수 있다는 보고가 제기되며 희망을 갖게 만들고 있다.

최근 과학자들에 의해 남녀의 성을 결정하는 성염색체(X·Y) 가운데 X염색체가 완전 해독되었다. 연구팀에 따르면 미국·영국·독일 공동연구팀은 가장 특이한 '유전자들의 집합체'로 불려온 X염색체가 1,098개의 유전자로 이뤄졌다고 보고했다. 또 X염색체 중 약 10퍼센트는 희귀병 발병에 일정 부분 역할을 하는 것으로 분석되었다.

혈우병은 X염색체의 유전자 돌연변이로 생기는 유전질환이다. 여성에게는 거의 없지만 남성에게 생기는 이유는, 남성의 경우 X염색체가 하나뿐이어서 결함이 생기면 이를 보완하거나 대체할 염색체가 없기 때문인 것으로 분석된다. 희귀병을 유발하는 10퍼센트의 X염색체가 남성에게 작용될 경우 하나뿐인 X염색체를 보유한 남성은 이를 대체할 염색체가 없기 때문에 그만큼 치명적이 되는 것이다.

이런 상황에서 희귀질환을 치료하기 위한 유전자 치료제가 서서히 주목받고 있다. 더욱이 휴먼게놈 프로젝트 완료 이후 생명공학기술의 급격한 진전으로 질병의 원인이 되는 유전자가 속속 밝혀지고 있으며, 이들을 대상으로 하는 유전자 치료제에 대한 임상시험이 활발하게 진행되고 있다. 최근 전 세계적으로 유전자 치료제에 대한 임상시험이 1,000여 건 넘게 진행되고 있다는 보고도 있다. 임상시험 초기에는 중증합병면역결핍증, 악성 뇌종양, 백혈병 등 극히 일부 질환에 제한되었지만 이제는 암, 에이즈, 자가면역질환, 심혈관계질환 등의 다양한 후천성 질환에 대해서도 적용되고 있다.

유전자 치료란 DNA 재조합 방법 등의 유전자 조작을 이용해 정상 유전자 및 그 유전자를 병소로 이입시켜 결손 유전자를 교정하거나, 세포에 새로운 기능을 추가해 인체세포의 유전적 변형을 통해 암, 감염성 질환, 자가면역질환, 심혈관질환, 단일유전질환, 신경계질환, 에이즈 등과 같은 유전자 결함을 치료하거나 예방하는 방법을 말한다.

치료용 유전자 조각을 표적세포 내에 징확하게 진딜하는 역할을 하는 유전자 전달체는 질병의 원인이 되는 유전자를 밝히는 것과 더불어 유전자 치료의 핵심기술이다. 특히 바이러스성 유전자 전달체는 줄기세포 및 생체조직에 유전자를 전달하는 데 가장 효과적인 것으로 알려져 있다.

1990년대 후반 바이러스성 유전자 전달체의 안전성이 문제가 되어 유전자 치료제의 임상시험이 한때 중단되기도 했으나, 바이러스성 전달체의 안전성을 보완하고 비(非)바이러스성 신소재 전달체를 개발하는 등 꾸준한 기술개발 노력이 계속되고 있다. 특허청 자료에 따르면 지난 15년간(1991~2005) 유전자 치료 관련 기술의 특허출원은 총 694건이었다. 1990년대 전반 5년간은 19건이 출원되어 전체 출원 대비 3퍼센트에 불과했으나, 2001년부터 최근 5년간은 이보다 20배 넘게 증가한 405건으로 58퍼센트를 점하고 있어 최근 들어 유전자 치료에 관한 출원이 급격히 증가하고 있다.

안전성 및 전달 효율을 증강한 바이러스성 또는 비바이러스성 유전자 전달체가 전체 출원 대비 33퍼센트로 가장 많이 차지하고 있고, 그 다음으로는 치료용 유전자 조각을 포함한 재조합 전달체가 186건(27퍼센트), 특정 질병의 원인이 되는 유전자 155건(22퍼센트), 유전자치료제 116건(17퍼센트) 등의 순으로 나타났다.

유전자 치료제에 대한 기술개발 노력이 계속되고 있음에도 불구하고 희귀질환 정복을 위해서 아직 넘어야 할 산이 적지 않다. 가장 큰 문제는 안전성이다. 유전자를 인체에 투여하기 위해 지금까지는 감기의 원인균인 아데노 바이러스에 유전자를 실어 보냈는데, 이 바이러스는 인체에 침투하는 데에는 효과적이지만 독성이나 면역반응의 부작용이 동반된다는 문제점을 내포하고 있기 때문이다.

하지만 과학자들은 이 같은 안정성 논란에도 불구하고 향후 유전자 치료제의 세계 시장 규모는 2010년 10조 원을 넘을 것으로 내다보고 있다. 그렇다면 이보다 더 10년 후인 2020년경에는 부작용 없이 치료용 유전자를 암세포나 대사질환세포 속으로 안전하게 전달하는 유전자 맞춤형 치료 시대의 현실화도 막연한 '장밋빛 꿈'은 아닐 것이다.

21세기의 대재앙, 팬데믹과 미해결 바이러스

지난 세기 네 번의 세계적인 전염병을 경험한 인류는 조류독감 바이러스가 21세기의 세계적 전염병이 될 수도 있다는 공포에 시달리고 있다. 조류독감 바이러스가 세계적인 전염병인 '팬데믹'으로 발생할 수 있다는 위험성이 제기되고 있다. 지난 2004년 1월, 베트남의 한 여성이 조류독감으로 사망했다. 이 사건으로 인해 세계의 전문가들은 '조류독감이 드디어 사람에서 사람으로 전파되는가'라며 촉각을 곤두세웠다. 다행히 이 여성의 사망 원인을 조사한 결과, 조류독감 바이러스가 사람에게서 사람으로 전염된 것이 아니라는 것을 세계보건기구에서 최종 확인하면서 사태는 일단 진정되었지만, 세계는 여전히 긴장하고 있다.

　　인플루엔자는 ‘신종 바이러스의 변이에 의한 급성 감염증’을 뜻하는데, 보통은 매년 겨울 주기적으로 사람을 괴롭히는 독감을 의미한다. 인플루엔자 바이러스는 A형, B형이 있다. 해마다 접종하는 독감백신은 이들 바이러스의 농도를 묽게 만들어 인체의 면역력을 키워 준다.

　　지난 세기, 인류는 ‘팬데믹’이라 불리는 세계적 전염병을 네 번이나 경험했다. 전염병의 원인은 다름 아닌 인플루엔자(독감 바이러스)! 1918년 우리나라에도 740만 명이 감염되어 14만 명의 사망자를 낳은 스페인독감을 비롯해 1957년, 1968년, 1977년 등에도 ‘팬데믹’이 발생해 세계적으로 많은 희생자를 낳았다. 1918년 스페인독감에서는 2,000만~8,000만 명 사망, 1957년 아시아독감에서는 100만~200만 명 사망, 그리고 1968년 홍콩독감에서는 100만 명이 사망한 것으로 추산된다.

21세기 팬데믹의 공포

　　팬데믹(pandemic)은 조류독감(AI) 바이러스가 인체 내에서 ‘대변이’를 일으켜 호흡기 전염병을 유행시키는 현상을 뜻한다. 팬데믹은 ‘pan(모두)+demic(사람)’이란 뜻의 그리스에서 유래되었는데, 한번 감염되면 전 세계로 전파되어 모두가 사망한다는 의미를 가진다. 대변이는 바이러스 A형에서만 일어나며 대략 10~40년 간격의 주기로 세계적인 대유행을 일으키는 특성이 있다. 바이러스 A형의 대변이는 바이러스가 자연 숙주인 조류로부터 직접 인체로 침입해 적응한 후 변이를 일으키거나 제3의 숙주를 통해 유전자 재배열 과정을 거쳐 일어난다.

세계는 이러한 대변이가 다시 발생하지 않을까 우려하고 있다. 세계보건기구는 '팬데믹이 불가피하며 아마도 임박해 있다'고 전제하고 각 나라별로 이에 대해 철저한 준비를 하도록 촉구하고 있는 실정이다. 팬데믹은 인체가 새로운 바이러스에 감염될 경우, 이에 대한 면역력과 대응력이 없기 때문에 발생한다. 그래서 원래는 동물만 감염되다 인간도 감염되기 시작한 바이러스가 '팬데믹'의 유력한 후보가 되는 것이다.

1977년 마지막 팬데믹 이후 많은 시간이 지나 인플루엔자 바이러스의 돌연변이가 누적되어 신종이 나타날 가능성이 커지고, 최근 세계적으로 조류독감이 많이 발생해 동남아시아에서는 여러 사람이 감염, 사망했다는 사실을 근거로 전문가들은 전염병의 세계적 대유행이 임박했음을 시사했다. 어떤 과학자들은 조류독감의 10~40년 주기설을 예로 들며 인류 대재앙을 경고하기도 한다.

특히 1918년에 세계적으로 유행해 엄청난 피해를 발생시킨 '스페인독감'도 조류독감의 일종이라는 사실이 밝혀져 막연한 공포감 이상으로 다가서고 있다. 최근 미국의 질병통제예방센터 산하 연구팀은 1918년에 스페인독감으로 죽어 알래스카에 묻힌 한 사망자의 폐에서 독감 바이러스를 채취해 재생시킨 결과, 스페인독감의 H1N1 바이러스는 인체에 치명적인 변종 아미노산들을 현 조류독감 바이러스인 H5N1과 일부 공유하고 있음을 밝혀냈다.

스페인독감은 제1차 세계 대전이 끝난 직후인 1918년에서 1919년 사이에 주로 참전 군인들에 의해 전염되었다. 스페인독감은 당시 전쟁으로 인한 사망자보다 더 많은 인명 피해를 낸, 인류 역사상 최악의 전염병 중 하나다. 중세의 유럽을 황폐화시킨 흑사병(페스트)과 같이 인류를 절망시킨 병인 것이다.

인류를 죽음의 공포로 내몰았던 스페인독감 바이러스가 결과적으로 조류독감의 일종이라는 사실은 또 다시 인류에게 대재앙의 공포감을 안겨주고 있다. 더욱이 '조류독감은 사람에게 직접 감염되지 않는다'는 그간의 정설을 깨고 1997년 사람이 조류로부터 직접 조류독감에 감염된 사례가 있었다. 다행히 조류독감이 사람 간에는 전파되지 않아 대유행으로 진행되지 않았다. 그렇다고 안심할 수는 없다. 조류에게서 사람이 직접 감염된 일이 여러 차례 발생됨으로써 사람 간의 전염은 이제 시간문제일 뿐이기 때문이다.

세계보건기구가 팬데믹에 대해 각 국가별로 대비책을 마련하라고 촉구하는 상황에서 우리나라의 실정은 어떠할까? 현재 우리나라는 인플루엔자 경보 시스템이나 기타 방역 대책에 있어서는 어느 정도 성과를 보여 주고 있다.

그러나 현재 조류독감에 사용할 수 있는 약은 '타미플루'가 유일한 상황이다. 하지만 인플루엔자 팬데믹이 발생했을 때 필요한 백신을 자체적으로 생산할 수 있는 시설이 없어 비상시 백신을 구입할 수 없는 상황에 처하게 될는지도 모른다.

21세기의 숙제, '미해결 바이러스'

인류는 질병의 제국 속에 살아왔다. 불과 1세기 전만 해도 태어나는 아기 절반은 유아기를 넘기지 못했고 유년기와 청소년기 역시 질병의 제국에서 완전한 자유를 맘껏 누리지 못했다. 그런데 21세기에도 인류는 신종 질병들인 '미해결 바이러스'로 인해 질병의 제국에서 벗어나는 것이 쉽지 않을 전망이다. 조류독감으로 인한 팬데믹의 공포가 현재 진행형인 것처럼 말이다.

지구 상에는 4,000종 이상의 바이러스가 존재하는 것으로 추산된다. 대부분 과학자들은 바이러스의 출현에 대해 인류가 바이러스의 거주지를 침범한 결과로 보고 있다. 인류는 유사 이전부터 바이러스에 의해 고통을 받아 왔다. 그러나 인류는 과거보다 더욱 우수한 바이러스 약을 갖고 있다. 20세기에 들어서면서 많은 과학자의 노력으로 다양한 백신이 개발되었고, 1980년에는 세계보건기구에서 천연두가 근절되었다고 선언하기도 했다.

그런데 대부분의 바이러스는 세균보다 훨씬 작기 때문에 실제로 바이러스의 존재를 발견한 것은 그렇게 오래되지 않았다. 1892년에 러시아의 식물학자 드미트리 이바노프스키(Dmitri Ivanovsky)는 담배 잎의 광합성 조직을 파괴해 수확량을 크게 감소시키는 '담배 모자이크병'을 연구하고 있었다.

이바노프스키는 이 병에 걸린 담배 잎의 추출물을 미세한 구멍을 가진 여과기에 통과시켰는데 병원체가 검출되지 않았고, 여과기를 통과한 여과액이 여전히 담배 모자이크병을 일으키는 것을 알아냈다. 그러나 당시 그는 여과기가 불완전하다는 잘못된 판단을 내렸다. 그 후 1898년 마루티누스 베이제린크(Martinus Beijerinck)가 이 실험을 반복해 작은 담배 모자이크 병원체가 확산될 수 있다는 것을 보여 주고 액상 전염성 바이러스(contagium vivium fluidum)라고 불렀다. 이것을 줄여 바이러스(virus)라는 용어로 부른다.

1935년 웬들 스탠리(Wendell Stanley)가 결정화된 바이러스 표본을 분리해 내는 데 성공함으로써 그 연구가 급속도로 진행되었다. 바이러스는 세균처럼 아주 작은 미생물이고 전염병을 일으키긴 하지만, 여러 면에서 세균과는 전혀 다른 생명체다. 바이러스는 생명체 밖에서는 아무런 활동을 하지 못하는 무생물과 같지만, 그것이 생명체 안에 들어오면 다른 살아 있는 생명체와 같이 왕성한 생명활동을 보여 준다. 바이러스는 절대적인 세포 내 기생체로 특수한 숙주(host)의 세포 안에서만 발달한다. 바이러스는 '변신의 귀재'다. 치료제를 개발했다 싶으면 재빠르게 새로운 형태로 스스로를 돌변시킨다.

인류는 바이러스의 공격에 '백신(vaccine)'이라는 방패로 대처하고 있다. 백신은 일종의 가짜 병균이라고 볼 수 있는데, 이 백신을 인체에 투여하면 '진짜' 병균으로 인지하고 방어 체계를 가동시키기 때문이다. 이 같은 시스템으로 인해 진짜 병균이 몸에 침투해도 대등하게 맞서 싸울 수 있다. 인플루엔자 바이러스의 경우 예방 백신을 맞으면 60~90퍼센트 예방이 가능하다. 현재 예방접종이 효과적인 바이러스 질환으로는 홍역, 풍진, 유행성 이하선염, 소아마비, 일본뇌염, 인플루엔자, B형 간염, 광견병 등이 있다.

그렇지만 세균 감염질환의 치료의 경우에는 항균제가 많이 개발되면서 어느 정도 향상되고 있으나 바이러스 감염질환의 치료는 아직 초기 단계에 머물고 있다. 바이러스 예방법은 비교적 향상되었지만 치료에 있어서는 아직 걸음마 단계라고 볼 수 있다. 실제로 지금까지 등장한 항바이러스제는 모두 바이러스의 증식을 억제할 뿐 잠복해 있는 바이러스를 직접 죽이진 못한다. 어쩌면 바이러스를 정복한다는 것 자체가 불가능한 일인지도 모른다. 백신을 개발했다고 해도 새로운 돌연변이를 상대해야 하기 때문이다. 가장 오래된 바이러스 중 하나인 감기의 치료제 개발이 더딘 이유도 역시 여기 있다.

그런데 이처럼 바이러스 치료제 개발이 더딘 반면 바이러스의 위세는 점차 강해지고 있다. 기존 바이러스 해결은 고사하고 21세기형 미해결 바이러스가 속속 등장하고 있기 때문이다. 대표적 미해결 바이러스로는 에볼라 바이러스를 꼽을 수 있다. 에볼라 바이러스라는 이름은 1967년 독일의 미생물학자 마르부르크 박사가 자이르의 에볼라 강에서 발견한 데서 유래했다. 형태는 기다란 막대 모양, 나뭇가지 모양, 끝이 구부러진 모양 등 다양하다. 직경은 80나노미터, 길이는 700~1,400나노미터 정도다.

이 바이러스는 감기 바이러스처럼 공기를 통해 전염되지 않는다. 감염되면 유행성 출혈열 증세를 보이며, 감염 후 일주일 이내에 90퍼센트의 치사율을 보인다. 혈관을 통해 모든 장기에 이동, 장애를 일으키며 출혈과 함께 사망에 이르게 한다. 1976년 자이르 북부와 수단 등지에서 발병해 420명의 사망자를 냈다. 또 1995년에도 자이르의 키크위트 지방에서 집단으로 발병해 164명의 사망자를 낸 바 있다.

한때 에볼라 바이러스의 자연 숙주를 원숭이류로 추정한 적이 있으나 그렇지 않은 것으로 밝혀져 현재 자연 숙주가 알려져 있지 않은 실정이다. 그래서 정확한 예방과 치료법이 불분명한 상태다. 숙주가 밝혀져야 약도 만들 텐데 숙주가 아직 발견되지 않아 치료약도 없는 것이다. 환자로부터 옮겨지는 2차 감염은 접촉에 의한 것으로 알려져 있어 환자의 혈액이나 체액에 접촉하지 않는 것이 현재로서는 최선의 예방책이다.

인류의 질병 제국 독립, 가능할까?

에볼라 바이러스 이외에도 미해결 바이러스는 속속 등장하고 있다. 3~9일의 잠복기를 거친 후 심한 설사와 복통, 구토 증세를 보이다가 위장과 폐가 손상되고 간부전 등으로 목숨을 잃는 마르부르크 출열혈(Marburg Fever)도 미해결 바이스러스 중 하나다. 이 질병은 1967년 독일 마르부르크에서 집단 발생해 발견되었다. 병원균 보유 동물로 공식 확인된 것은 없다. 하지만 발견 당시의 1차 감염원은 우간다에서 수입한 아프리카산 긴꼬리원숭이였다. 이 바이러스는 천연두의 경우처럼 환자를 격리시킬 필요가 있는 악성 전염병이라 해서 각국에서 문제가 되고 있다. 이 병 역시 아직 치료약이 개발되지 않았다.

2002년 중국 광동 지역을 중심으로 발병했던 사스(SARS)도 미해결 바이러스에 해당된다. 사스의 정확한 명칭은 '중증급성호흡기증후군'이다. 세계보건기구는 당시 중국, 홍콩 등 아시아에서 발생해 전 세계로 확산되고 있는 발열과 기침, 호흡곤란, 폐렴 등 호흡기 증상을 보이는 전염병을 사스라고 명명하고 전 세계 보건당국에 비상 경계령을 내렸다.

캐나다, 중국, 홍콩, 싱가포르, 베트남, 미국의 자료 분석에 따르면, 사스의 치명률은 연령대에 따라서 0~50퍼센트 이상이고, 전반적인 사스 치명률은 약 11퍼센트로 추산되어 전 세계를 공포에 떨게 하고 있다. 사망률은 특히 다른 기저질환이 있는 경우 높았다. 성별로는 남자가 여자보다 더 높게 나타났다. 세계보건기구는 사스의 원인 병원체는 변종 코로나 바이러스로 보고 있다. 코로나 바이러스는 현미경에서 왕관처럼 보이며, 사람에게서는 경증 또는 중증의 상부 호흡기질환을 일으키고 동물에게는 호흡기, 위장관, 간, 신경질환을 일으키는 바이러스다.

사스는 주로 발열(체온 측정 시 38도 이상)이 첫 증상으로 나타나며, 이때 오한, 두통, 근육통 등 전신적인 불편감이 동반되기도 한다. 일부 환자에서는 초기에 미약한 호흡기 증상이 나타나기도 한다. 2~7일이 지나면 가래가 없는 마른기침이 나타나고 혈중산소포화도가 낮아지기 시작하고, 환자의 대부분은 회복이 되지만 10~20퍼센트의 환자에서는 호흡부전이 나타나고 인공호흡이 필요한 단계로 발전한다. 잠복기는 대개 2~7일이나 극소수의 환자에게서 10~13일까지 잠복기를 보이기도 한다.

사스의 전파는 주로 비말(작은 침방울)을 통해 감염되는 것으로 알려져 있다. 즉, 감염자의 기침, 재채기, 호흡 등 공기 중으로 배출되는 호흡기 비말에 의해 바이러스가 전파되는 것이다. 이 때문에 감염을 피하기 위해서는 호흡기를 청결히 하고, 손 씻기 등 개인위생을 철저히 해야 한다. 사스 환자의 증상 시작 직후부터 얼마 동안 전염력이 있는지는 정확하게 알려져 있지 않기 때문에 사스 환자에 대한 접촉은 초기부터 삼가야 한다. 특히 사스 환자의 가족, 의료인 등 직접적인 접촉을 한 사람들이 병에 걸릴 위험이 높다.

안타깝게도 아직까지 효과적인 치료법이 알려져 있지 않을 뿐만 아니라 치료의 효과를 평가할 수 있는 임상적 지표와 정보가 명확히 제시되지 못하고 있는 형국이다. 현재 치료에 사용되고 있는 방법은 대부분 비정형폐렴의 세균 병원체에 대해 광범위 항생제를 사용하며, 항바이러스제를 투여하는 방법이다. 스테로이드를 항생제 또는 항바이러스제와 병행해 경구 또는 정맥으로 투여하기도 한다. 리바리린을 스테로이드와 동시에 또는 단독으로 투여하는 방법도 사용된다. 하지만 아직

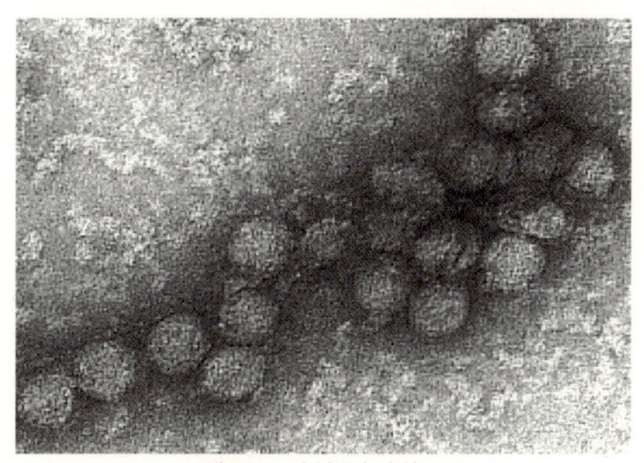

웨스트 나일 바이러스.

까지는 수분 공급, 2차 감염 예방 등 일반적인 지지요법이 가장 적절한 관리 방안으로 세시되고 있다.

웨스트 나일 바이러스(West Nile virus) 역시 21세기형 미해결 바이러스다. 1938년 우간다의 웨스트 나일 지역에서 처음 발견되었기 때문에 이 이름이 붙었다. 이 바이러스는 주로 모기에 의해 감염되지만, 말, 까마귀, 참새 등 길짐승이나 조류 등을 통해서도 감염된다. 1990년대 말부터 유럽 일부 지역에서 나타나기 시작해 1999년에는 미국 뉴욕에서도 발견되었다.

미국 질병통제예방센터에 의하면 이 바이러스는 3년 만에 미국 39개 주로 번져 1999년부터 2001년까지 총 161명이 감염되었고 이 가운데 18명이 사망했다. 이어 2002년에는 4,000여 명이 감염되어 284명이 숨짐으로써 미국 전역이 웨스트 나일 바이러스 공포에 휩싸였고, 2003년 6월에만도 23개 주에서 이 바이러스가 발견되었다. 또 2006년 모기가 옮기는 웨스트 나일 바이러스로 인해 4,269명의 웨스트 나일 바이러스 환자가 발생하고, 최소한 177명이 사망한 것으로 나타났다.

　　많은 연구자들은 웨스트 나일의 창궐에 대해 기온과 관련 있고 여름의 열파가 모기의 번식을 활발하게 만든 것에 무게를 두고 있다. 증상은 처음에는 감기와 유사한 증상이 나타나다가 심해지면 뇌염으로 발전한다. 일단 혈중의 바이러스가 뇌로 들어가면 치료가 어려워지기 때문에 뇌에 유입되기 전에 치료해야 완치가 가능하다. 2003년 6월에 말을 위한 백신만 만들어진 상태고, 인체용 백신이나 치료약은 개발되어 있지 않다. 더욱이 바이러스가 예상 불가능한 패턴을 가지고 나타나기 때문에 가장 효율적인 대처 방법은 모기에 물리지 않는 것이다.

큰글자 살림지식총서 044

꼭 알아야 하는 미래 질병 10가지

펴낸날	초판 1쇄 2012년 10월 15일
	초판 2쇄 2018년 8월 21일

지은이	우정헌
펴낸이	심만수
펴낸곳	(주)살림출판사
출판등록	1989년 11월 1일 제9-210호

주소	경기도 파주시 광인사길 30
전화	031-955-1350 팩스 031-624-1356
홈페이지	http://www.sallimbooks.com
이메일	book@sallimbooks.com

ISBN	978-89-522-2135-3 04080
	978-89-522-3549-7 04080 (세트)

※ 이 책은 큰 글자가 읽기 편한 독자들을 위해
글자 크기 14포인트, 4×6배판으로 제작되었습니다.